U0889272

FBI
超级询问学

如何通过交谈获取你想要的任何信息

Chao Ji Xun Wen Xue

金圣荣◎著

黑龙江教育出版社

图书在版编目（CIP）数据

FBI超级询问学 / 金圣荣著. — 哈尔滨：黑龙江教育出版社, 2017.8

（若水集）

ISBN 978-7-5316-9584-4

Ⅰ. ①F… Ⅱ. ①金… Ⅲ. ①咨询－方法－通俗读物
Ⅳ. ①C932.2-49

中国版本图书馆CIP数据核字（2017）第225838号

FBI 超级询问学

FBI ChaoJi XunWen Xue

金圣荣 **著**

责任编辑 高 璐 常 畅
封面设计 久品轩
责任校对 张 楠
出版发行 黑龙江教育出版社
（哈尔滨市南岗区花园街158号）
印　　刷 固安县保利达印务有限公司
开　　本 710毫米×960毫米 1/16
印　　张 14
字　　数 153千
版　　次 2018年1月第1版
印　　次 2018年1月第1次印刷

书　　号 ISBN 978-7-5316-9584-4　　**定　　价** 35.00元

黑龙江教育出版社网址：www.hljep.com.cn
如需订购图书，请与我社发行中心联系。联系电话：0451-82533097 82534665
如有印装质量问题，影响阅读，请与我公司联系调换。联系电话：010-64926437
如发现盗版图书，请向我社举报。举报电话：0451-82533087

前　言

社会交往少不了人际交流，可以说，人际交流是社会交往中不可或缺的部分。人与人之间如果没有交流，就很难形成一种和谐的关系，很难将生活和工作中出现的问题解决掉。

人们只有通过表达，才可以将自己的意愿与情感向对方表明或给予暗示。虽然在表达中，非语言交流也起着很大作用，但它也只能是辅助性的作用。在人们进行交流时，如何让自己的语言在表达上达到好的效果，对于人与人之间能否和谐相处，能否顺利达成表达意愿和情感的目的有着非常大的影响。FBI（美国联邦调查局）犯罪心理学专家指出，很多社会犯罪都源于语言沟通出现的障碍。也就是说，人们的语言表达如果出现问题，往往会使对方产生一定的误会，不但使得意愿难以达成，可能还会产生相反的效果。

作为美国最具破案能力的联邦调查局，他们的工作人员大都是沟通能手，正因为拥有这样的能力，他们才能够一次又一次顺利破获各类大案、要案。而这些能力，不是一朝一夕就拥有的，而是慢慢积累而成。

也就是说，FBI在长期工作中，通过不断总结和研究，形成了一套成熟的沟通体系，并将其运用到工作中，因此才使得很多狡猾顽固的犯罪嫌疑人，在FBI专家的引导下承认了自己的犯罪事实，这套成熟的沟通体系也正是源于他们专业的沟通技巧。很多时候，在审讯嫌疑人的过程中，FBI探员不是动用武力逼迫嫌疑人，而是通过专业的交流技巧达到审问的目的。应该说，FBI非常重视对其工作人员在这方面的培养，审讯人员之所以有这样的能力，很大一部分原因是他们经过了一定的培训和指导。而他们的这种沟通技巧，就像一把嫌疑人看不见的枪，在无形之中就能起到应有的作用。

FBI在审讯中，虽然很多时候都依赖于非语言沟通——也就是说，非语言沟通在执行任务中起到了很大的掩护作用。但这种沟通需要较高的能力。稍有不慎，就容易造成失误。所以，FBI在审讯嫌疑人、解读嫌疑人的内心世界时，更多运用的还是语言沟通。而且在他们看来，语言沟通也更为稳妥。

在沟通方面，FBI谈判专家，如果需要更多地了解对方，就要形成一种沟通上的互动，这样才能在双方共同交流的情况下，更加细致地了解对方的情绪和心理变化。当然，他们也认为，有时候为了达到沟通的目的，也需要让自己占据沟通的主导地位，这时候就要不停地改变自己的姿态，以更好地攻破对方的心理防线，或者绕过他人不可触碰的雷区。

FBI已经具备了一套非常成熟的沟通体系，对于如何沟通能够达到目的，也有一系列的案例。曾在FBI工作过多年的罗伯特指出，他们的沟通体系，虽然并不是每次都能使嫌疑人供出犯罪事实，但这个沟通体系确实帮了审讯员很大的忙，对案件的破获起到了很大的作用。随着时间的推移，FBI的沟通技巧，已触及生活的各个方面，不论是在社会治安方面，还是在日常生活中，这些沟通技巧都对人们产生了巨大影响。因此，更多的人希望自己能够通过学习沟通技巧，来提高与人打交道、看穿他人内心世界的能力。因为只有看穿他人的内心，才能从对方那里获得更多自己想要的信息，从而找到应对的策略。当然，在生活与工作中，正常的交流应该是双向的，双方都能顺畅地表达个人情感和意愿，沟通就可以取得最好效果。但遗憾的是，很多人不善言谈，不知道如何与他人更好地沟通，致使自己无法正确表达内心的情绪和意愿，也无法读懂对方的心思。久而久之，导致自己变得越来越胆怯，不愿与人沟通，成为被他人孤立的人。也有人因为不懂得沟通技巧，造成各种误会，导致人际关系很差。

人是社会性的。为了更好地生存，必须参与社会活动，与他人打交道，而人与人交往少不了沟通。所以，在人际交往中，善于沟通和不善于沟通的人，会在人际关系方面有一定的差别——好的沟通自然会带来和谐的人际关系，反之，则会对人际交往造成一定的负面影响。因此，沟通技巧不只是FBI工作人员必须具备的技能，在现实生活中，任何一个正常的人，都应该掌握这一技能，为自己的人际交往铺平道路。

编者编写本书《FBI超级询问学》的目的，也是希望能够对愿意提升语言沟通能力的人提供一点帮助。希望读者朋友，能从此书中获得更多自己想要的信息，并通过阅读此书，让自己的沟通能力有所提升。

本书针对人应如何进行交流，运用了大量案例，旨在生动有趣地向大家介绍各种交流技巧。从在交流时如何拟定话题，营造交流氛围，以及如何助推声势等开始，到怎样在交流中运用各种交流手段，给对方留下好的印象，引导对方透露更多自己的信息，或者激发对方的讲话欲望，本书都有涉及。同时，告诉大家要让自己的言谈恰到好处，这样既能维护他人的尊严，取得他人的信任，又能达到沟通的目的。总之，沟通顺畅交流，达成所愿，可以为我们日后的人际交往奠定良好的基础。

FBI心理专家指出，人际交流的顺畅与否，直接影响人与人之间进一步互动。良好的沟通技巧不仅可以有效达成所愿，也能避免因更多的人际纠纷导致犯罪行为，使社会安全得到更多保障。从这点来看，提高人际沟通能力是非常必要的。

目 录

第十一章　学会倾听：FBI告诉你会倾听才算会沟通

第一章　拟定话题：

FBI 教你找准切入点，做到心中有数

1

恰当提问可以更好开启话题

在FBI审讯犯罪嫌疑人的过程中，如何让犯罪嫌疑人开口说出案件的事实真相，是审讯能否顺利进行的一个主要因素。因此，FBI审讯人员都会在审讯之前做好功课，以免出差错。

在人际交往中，很多人由于不善于沟通，在人际交流方面出现了不少问题。毋庸置疑，沟通是相互的，是一种信息双向甚至多向的交流。也就是说，沟通是人们通过会话方式，将信息传递给对方，同时，希望对方能给予相应反应的过程。

会话作为沟通主要形式，就是要双方围绕一定的内容展开，也就是针对某个话题进行会话。而想要会话收到良好的效果，需把握和控制好话题，而达到这一目的的前提是话题切入点。一个成功的话题切入点，可以引起对方的交流兴趣，使相互交流顺利完成。

很多时候，话题切入会采用提问的方式。一般情况下，提问的目的主要是了解对方的真实需要、掌握对方心理、表达自己的观点等。通常，在人际交流中，或者比较正式的会话中，双方都需要对彼此有一定的了解。比如在商务谈判中，双方要了解彼此的实力、要求，掌握各种有关的信息和背景资料。但如果彼此对对方的情况并不太了解，就可以采用提问的方式，以获取更多的信息。而FBI在办案过程中，为了侦破案件，避免不了与犯罪嫌疑人和证人进行会话。在这一过程中，FBI探员向犯罪嫌疑人和证人提出问题，就是不可缺少的环节。虽然对很多问题，他们只需要单刀直入地提问，但为了缓解嫌疑人和证人紧张、尴尬的心理，以及巧妙地引出更多线索，他们在提出问题时，往往也会采取一定的技巧。不然，一旦引起嫌疑人和证人的厌倦情绪，他们就会采取敌对态度，做出防卫反应，这样双方就很难合作了。所以，为了快速切入话题，顺利完成审讯任务，FBI探员不仅会注意自己说话的态度，同时也会讲究话语的使用技巧。

可见，在会话中，采用提问切入话题的方式，绝对不是随便地提问，而是有讲究的。也就是说，它需要一定的技巧。否则，可能导致事与愿违。那么，在交流时，如何进行提问才对顺利完成交流有帮助呢？

（1）有意义的提问

会话时，在提问之前需要认真思考，不能作应急反应的随意提问。沟通能够体现一个人的自我形象。一个简洁的、有意义的提问，可以给人留下成熟睿智的印象。而唐突地提问，则往往使人陷于尴尬境地，或者对方不知道你为什么要问这个问题，或者他不清楚是否应该给予回答，甚至不清楚应该用怎样的态度去回答。尤其在与上级或资深人士交流时，一定要注意这个问题。因此，在提出问题时，要清楚自己要问什么、对方会有什么反应、是否能达到自己的目的等等。

（2）边看边问，边听边问

在很多时候，有准备的提问，不是说就一定要把事先准备好的问题全部拿出来，而是需要边看边听，并在这一过程中根据实际情况做出相应的调整。当然，通过调整，可能有一些事先准备的问题就不需要再提出了。其实，这是一种必要的变通，也是在会话过程中应该懂得的问题。一个人能否在会话时，提出有水准、有价值、对持续交流有帮助的问题，从某种意义上来讲，也是对其观察能力和倾听水平的考查。这种提问技巧，在访谈、汇报工作以及交流会等场合中，运用得比较多。如果掌握不好，可能会出现重复提问等情况。

（3）选择正确的提问方式

在提出问题时，一定要注意自己的问话方式，因为站在不同的角度提出问题，对方的反应也一定不同，得到的回答也不会相同。一般情况下，提问的方式有这样几种：

①问：将自己想要了解的问题直接提出来。

②反问：从相反的方向提出问题，这样对方就只能做出回答。采用这样的提问方式，目的就在于让对方对问题无法回避。

③侧面提出问题：不直接将问题提出来，而是通过旁敲侧击的方式，迂回地转到正题上来。

④设问：可以假设一个结论，并将其提出来，让对方通过这一问题进行思考，继而使其将问题回答出来。

⑤追问：抓住对方所谈的问题，不断进行提问，也就是打破砂锅问到底。

（4）先提问题，再说背景

向对方提出问题时，要言简意赅，不要啰唆，最好控制在20个字之内。如果需要介绍关键的背景资料，在点明问题之后再去加以介绍和解释。一般情况下，要整理出三个以上的关键点来支持问题或者结论，然后再继续观察。如果还有必须说明的问题和细节，才需要继续说明。

（5）把握提出问题的时机

在提出问题时，不可过于莽撞，什么时候适合提出问题、应该提出怎样的问题都是需要进行思考的。在一个好的时机提出合适的问题，对引起对方的注意大有帮助。这样可以掌握主动权，使交流按照自己的意图进行下去。

（6）充分考虑对方的特点，有针对性地提出问题

在会话时，所面对的不同对象会有不同的个人情况，如职业、年龄、身份、文化背景、性格、生活经历等等。因此，在提出问题时，也要根据不同情况做出不同的提问方式。如果对方具有雷厉风行的个性，你提出问题时就要简洁明了；如果对方比较挑剔，提出问题时就要谨慎周密，以免惹麻烦；如果对方比较急躁，提问时就不能过于直白；面对开朗者时，提出问题时就可以随意一些。总之，根据不同情况采取不同的提问方式，不可以千篇一律。

在会话时，想要掌握主动权，快速准确切入话题，可以试着用提问的方式，并且掌握提问的技巧和方法，针对不同情况，恰当巧妙地抛出你的问题，引起对方的关注和兴趣，使交流顺利完成。

2

以对方的爱好为切入话题的点

FBI心理分析师认为，在交流中，只有迅速找到谈话的切入点，才能让交流顺利展开。

很多时候，我们与交流对象是第一次接触，由于彼此不熟悉，在刚刚进入交流时，往往不知道该从何说起。这时，就需要找到一个切入点，然后展开话题，进入良好的交流状态。

对于寻找话题切入点，很多人不知道如何去做。这个问题看似很难，其实也很简单。当然，如果事先知道与谁见面，可以在与其见面之前做一些功课，这样就会有备无患。比如我们可以先了解一下对方的爱好，弄清楚他对什么事物感兴趣，这样就可以在见面后，以此为切入点，展开交流。

心理学研究认为，每个人都会有他感兴趣的事物，并对其给予高度关注与积极探索，而且往往表现得心驰神往。也就是说，兴趣之于人们是一种无形的动力，会让人们对其很投入。比如一个人对美术感兴趣，就会收藏好的美术作品。人们对某件事物感兴趣，并不只是关心它的表面，更多时候是因其而获得关于某方面的知识，或者通过参与这种活动，从而感受到一种精神上的满足。所以，当一个人对某件事物感兴趣时，就会主动、积极寻找机会去参加。同时，他愿意与人分享这种快乐。在人际交流中，情商高的人，一定先从对方感兴趣的话题谈起，使谈话的气氛友好而和谐。而情商较低的人则恰恰相反，他们总是喜欢谈及自己感兴趣的事，这样往往使得对方兴趣索然，致使交流失败。

约翰是一家面包店的推销商，他一直想把面包卖给华盛顿的一家餐厅，为此，做了不少努力。他经常给这家餐厅经理打电话，参加经理的社交聚会。但两年下来，他也没有做成这笔交易。后来，约翰总结了自己为人处世的教训，决定改变交际策略，找出那位经理最感兴趣的事物。他发现，那位经理是“美国旅馆招待者”旅馆人士组织的一员。而且，此人不只是一个组织成员，由于他的热忱，还被选为主席。对于组织在任何地方举行的活动，他都会积极参加。约翰获悉经理的这一信息后，第二天见到他时，就以此为切入点与其展开了交流。结果这一次，那位经理一口气就与他聊了半个小时，都是有关他的组织的事，而且交谈话语始终充满了热忱。看得出来，那个组织的确是他的兴趣所在，是他的兴奋点。这次交谈结束后，经理还给了约翰一张他们组织的会员证。那天谈话时，约翰根本没有提起面包的事，但几天后，那个饭店的大厨师就打电话告诉约翰，让他把面包样品和价格送过去。就这样，约翰经过两年的努力都没能拿下的生意，却在他找到对方的兴趣，并在交流时以此为切入话题的点后，就轻易地解决了。

可见，在人际交流中，用对方感兴趣的话题作为切入点是使得交流顺利进行的一个很重要的因素。所以，在人际交流中，往往会出现这样的情况，没有交流技巧的人，在与人交流时，只是谈论自己感兴趣的事物，不在乎对方怎么想，这样往往会惹得对方厌烦。而具有交流技巧的人，只是在谈论对方感兴趣的事物，投其所好，这样就能轻易博得对方的好感，并使自己的意图得以达成。可见，话题切入点具可选择性。

可以说，在人际交流中，以对方感兴趣的话题为切入点进行交流，如同为交流打开了一扇大门。而运用这一交流技巧，需要注意以下几点：

（1）在交流时，了解对方感兴趣的事物是什么。任何一个人都对自己感兴趣，当你谈起他时，他一定愿意认真跟你说。因此，在与人交流的过程中，要用心感知。不仅这样，在交流前，最好做足准备工作，对对方的历史背景做一个比较深入的了解，这样方便获悉他所感兴趣的方面和事物。在清楚对方兴趣的前提下，展开交流，才能引起对方的谈话兴致，使交流顺利完成。

（2）从人们感兴趣的事物中，可以看出一个人的个性。所以，在人际交流时，要根据这一特点，找到恰当的谈话切入点，否则可能会弄巧成拙。比如对一个爱好书法的人，大赞其字写得好，未必能让他高兴，因为爱好艺术的人往往性情平淡。所以，在跟这类人交流时，不如以王羲之、黄庭坚等为话题切入点。那样，可能会更容易引起他们交谈下去的兴趣，使交流在愉悦的氛围下进行。

（3）如果以对方兴趣为话题切入点，在谈论对方感兴趣的话题时，一定要真诚、发自内心地去赞扬令他感兴趣的事。当对方感受到你的真诚后，一定会对你产生良好的印象，这对交流有着非常积极的影响。而且，也可能会为你带来再次与之交往、交流的机会。

（4）在谈论对方感兴趣的话题时，还要注意这样一点，那就是要控制好谈话的氛围。当对方兴致勃勃地谈论起自己感兴趣的事物的时候，要认真、安静地去聆听他的谈话。因为认真聆听也是一种无声的交流，你的这种状态会让对方感受到你的豁达和关注，使其获得一种幸福感，毕竟被人注视是每个人都期望的。

（5）多读书、看报，多积累知识。一个涉猎广泛的人，在与不同人谈起他们感兴趣的事物时，才能应对自如，而不致于贻笑大方。

人际交流需要技巧，善于交流的人，总能找到恰当的谈资，将对方谈话的兴致引出来。而以对方感兴趣的话题为交流的切入点，是人际交流中，展开话题的一个好途径。它绝不是讨好他人的表现，而恰恰是对他人的尊重。事实证明，运用这一交流技巧，能更加容易打开对方的心扉，使交流在充满愉悦和谐的气氛下顺利完成。美国的FBI探员，在对犯罪嫌疑人或证人的询问中，为了能使交流更加顺利，使嫌疑人或证人缓解内心的压力，或者想让对方主动谈论自己感兴趣的话题，从中了解其个性特征，往往会从对方感兴趣的话题入手，使对方在沉浸其中的过程中，不自觉地与办案人员展开交流。由此可见，这一交流技巧的运用，对交流起到重要作用。

3

对方最得意的事是很好的话题切入点

FBI心理专家指出，在交流前或交流进行中，应对对方的一些情况有所了解，这样才能更好地寻找话题切入点。而将对方最得意的事情作为切入点展开交流，可以让对方更积极地交流下去。

每个人都喜欢被人赞美，而潜意识的赞美更为直接，也是最深刻的肯定。有些人之所以得到大家的喜欢，就是因为他懂得赞美。知道人类的本质需求，就是渴望被赞美。在人际交流中，如果想要使交流按照自己的意愿进行下去，就要学会这种交流的技巧。因为当你在无形中给予了他人肯定后，会很容易赢得对方的认同，甚至对你产生好感。而且在与人交流时，以对方最得意的事为交流的切入点，往往能引发对方的谈话兴致，展开更多的话题内容。尤其当你有求于人时，更要注意自己的说话技巧。如果能从对方得意的事情说起，往往能让你的心愿达成。

优美座位公司经理亚当森，是一个精于谈话技巧的人。也正是因为他的这一技巧，让他赢得了一笔超过9万美元的生意。

伊斯曼是美国柯达公司的创始人，他曾捐赠巨款在曼彻斯特建造音乐厅、纪念馆和戏院。当时，很多制造商为承接这批建筑物内的座椅纷纷找上门来，想从伊斯曼处得到这笔生意。期间，很多制造商高兴而来，败兴而归。优美座位公司的经理亚当森，正是在这种情形下，来到了柯达公司，他希望通过面见伊斯曼而得到这笔生意。伊斯曼的秘书在引见亚当森前告诉他，最好在面见伊斯曼时，不要超过5分钟。因为他很忙，而且十分严厉，所以进去后要尽快讲明自己的意图。

亚当森来到伊斯曼的办公室时，伊斯曼正在埋头工作，于是亚当森安静地站在那里打量起这间办公室来。过了一会，伊斯曼抬起头，看到亚当森，然后问道："先生有何指教？"亚当森说："哦，是这样，伊斯曼先生，在我等您的这段时间里，对您的这间办公室认真观察了一番。说实话，我本人从事室内木工装修的时间不短了，但如您这间办公室这样精致的装修，我还从来没见过。"

伊斯曼回答说："你不说，我倒是给忘了，这间办公室是我亲自设计的。刚刚建好那会儿，我对它非常喜欢，但由于工作太忙，之后就没再好好欣赏过。"亚当森用手在墙边的木板上擦了一下，说："这一定是英国的橡木。对吧，伊斯曼先生？意大利的橡木，不是这样的质地。""你说的没错。"伊斯曼兴奋地站起身，并接着说，"这确实是来自英国的橡木，我有一位专门研究室内橡木的朋友，正是他专程从英国帮我订的货。"跟亚当森谈论这个问题，让伊斯曼显得心情格外的好，他一边说着当时装修这间办公室的事情，一边带着亚当森仔细参观起办公室来。

在参观的过程中，伊斯曼逐一向亚当森介绍办公室的每一件装饰，从它们的颜色到木质，再到之间的比例和手艺、价格，把他对这间办公室装修设计的整个经过，都讲给了亚当森。亚当森非常感兴趣地听着伊斯曼的介绍。伊斯曼也像遇到了多年的知心老友一样，兴致勃勃地讲着那一切。而伊斯曼的过往故事，也引起了亚当森的好奇。于是，他又询问起伊斯曼的经历。对于自己年少时期渡过的那段艰难的岁月，伊斯曼也毫不隐瞒地讲给了亚当森，而且他还把自己发明柯达相机的经过，以及自己打算为社会所作巨额的捐赠也都告诉了亚当森……

对于伊斯曼的善举，亚当森由衷表示了敬佩之意。

在亚当森刚来拜访时，秘书警告过他，不要让自己的交谈超过5 分钟。可结果，亚当森和伊斯曼聊了很久很久，一直聊到中午。

可是，谈兴正浓的伊斯曼似乎没有打算停止他的讲述，看看时间已经中午了，伊斯曼对亚当森说："上次，我在日本买过几把椅子，回来后就把它们放在了我家的走廊里。现在，被日光晒得已经掉漆了。前几天我刚刚买了油漆，想重新给它们涂好。不知道你有没有兴趣，看我的油漆表演？走，到我家里去，中午我们一起吃过饭后，我再让你看看我的手艺如何。"吃过中午饭后，伊斯曼便开始给他的那几把椅子涂漆，他对此是那样兴致勃勃，并为自己的手艺颇为自豪。那天，直到二人告别，亚当森也没有向伊斯曼提起生意的事。

但是，不久之后，亚当森接到了伊斯曼给他的大批订单。从那之后，两个人成了非常好的朋友。

从这个案例中可以看出，亚当森之所以在最后获得了伊斯曼的信任，接到了大批订单，并不是因为亚当森在伊斯曼面前，展示了多好的口才。但亚当森为什么成功地获得了这笔生意呢？主要是因为他了解自己的谈判对象。所以，他进入伊斯曼的办公室后，没有直接谈生意，而是利用伊斯曼钟爱、并引以为傲的室内装饰入手，采用巧妙的方式对伊斯曼的成就给予了赞扬。所以，伊斯曼的自尊心因此得到了极大满足，并把亚当森当作了自己的知己。这样的交流，必然会让亚当森的心愿达成。

由此可见，在交流中，以对方最得意的事情谈起，会引发其极大的聊天兴致，非常有助于交流的顺利完成，从而达成所愿。

在人际交流时，运用这一交流技巧，需要注意什么呢？

（1）乘胜追击。当你以对方得意的事情为话题切入点后，一般情况下，对方会表现出满意的态度，并且会兴致勃勃地开启话题，讲述其中的种种经历。这时，你不要就此结束，适当地赞美对方，这样对方会觉得你对他的认可是真诚的，而不是为了达到某种目的去奉承他。但不要重复地进行赞美，这样便会给人虚伪或别有用心的感觉。

（2）间接表示你对对方的认可。真诚坦白地直接讲出对方得意的事情，虽然能取得效果，但如果把握不好尺寸，容易被人看作是故意奉承，会适得其反。如果采用间接提出的方式，也就是着重对某一类人或物表达自己的认可，往往会收到不错的效果，就像亚当森对房间设计的欣赏。

（3）针对对方的优点所在的层面切入话题。这样以面带点的方式，即不露痕迹，又可以让对方高兴，从而引发他的交谈兴致。

不管采用怎样的一种方式，如果能在人际交流中，巧妙地指出令对方得意的事情，就很容易赢得对方的好感，并使其兴致勃勃地展开话题。只要有个良好的开端，其他事就好办多了。

美国FBI在审讯过程中，为了撬开犯罪嫌疑人的嘴，往往会采用这样的方法，使犯罪嫌疑人在不知不觉中进入探员设计好的圈套，从而使案件得以破获。

4

从共同话题谈起也是展开交流的途径

FBI犯罪心理学专家指出，有些交流之所以不顺利，就是因为没有找到一个合适的话题为切入点。大多数人都喜欢自己感兴趣的话题，或者喜欢谈论自己了解的事情，而如果对方感兴趣或所了解的事情，正巧也是你所感兴趣和了解的，就可以以此为话题展开交流，这也是善于交流的人在交流中通常运用的手段。

在人际交往中，面对他人，往往会不知从何谈起。特别是有求于人时，更不知该怎样开口，将话题自然引到自己的意图上。这种情况，销售人员遇到的比较多一些。在向客户推销产品时，如果不能迅速引起客户的关注，销售的成功率就会大打折扣。因为很多人不喜欢被销售人员打扰，所以，为了能在短时间内留住客户脚步，销售人员就得想办法找到与客户沟通的共同点，并以此来切入话题，引起客户交流的兴趣。同样，在人际交流中，找到共同话题，也是谈话的成功要素之一。一般情况下，成功的话题具有这样两个必要因素，一方面是对方感兴趣的，另一方面是双方都关注的。每一个人都有自己的关注点，因此，我们可以通过各种线索去了解他人关注的话题，从而找到话题的切入点。比如你了解到这个人喜欢政治，恰好你也对政治比较关注，就可以以近期发生的政治事件为切入点；如果这个人喜欢足球运动，你也喜欢足球运动，就可以以某场足球比赛为切入点；如果一个人喜欢音乐，刚好你是一位音乐爱好者，在交流中，就可以由音乐切入。

共同的话题会让彼此产生共鸣和情感认同，一旦双方有了情感认同，两个人的距离也就拉近了。而且，共同话题更容易展开交流，毕竟彼此都关注这个话题，有可以畅聊的基础。

乔治经销建筑材料有几年了，可是生意一直不温不火。他是一个品行端正的人，在朋友的眼里是个可靠的家伙。不过，乔治在与人沟通方面不太在行。虽然他诚实可靠，可在开拓市场方面还是遇到了不小的阻力。后来，他的朋友给了他一点指导，他才渐渐开窍。

一次，他又去一个工地推销建筑材料，废了半天口舌，工地负责人总算来到了他跟前。不过这一次，乔治并没有像往常那样，直接开口推销自己的建筑材料，而是对工地负责人提了一个跟建筑材料毫不沾边的问题。他问道："嗨，朋友，对最近的一场足球赛事有什么看法？"这位工地负责人看了看乔治说："喜欢足球？那您认为昨天的那场比赛中，意大利球员场上犯规那件事，被裁判罚得重不重？"关于这个问题，乔治当然是有自己的看法的。于是针对此问题发表了自己的意见，并留意观察着工地负责人的态度。没想到乔治的一番评论深得工地负责人的认同，二人开始了热烈交谈。后来，乔治的生意自然得到了那位工地负责人的帮忙，卖出去了很多建筑材料。

乔治在见到那位工地负责人后，为什么会和他谈论起关于足球的问题呢？原来，他看到那个人的手臂上有一个小小的文身图案——足球。而乔治也是一个足球运动爱好者，并对足球方面的一些事情有着比较深刻的了解。因此，他才以足球为话题切入点，与那位工地负责人展开了交流，并且赢得了那个人的好感。

心理学研究认为，人际交往是双方互动的过程，包括交往情境和对象。在这一过程中，如果彼此能进入到同一情绪状态中，双方共鸣的情境就建立起来了，进而彼此都能赢得对方的热情回应。在人际交流中，如果想让彼此的交流进入这样的状态，寻找共同的话题，就是一个非常好的选择，因为它可以引导对方进入这一状态。而双方在交流共同话题时，也就很容易产生情感共鸣了。

一天，一幢办公楼的电梯出了故障，帕斯和苏珊娜一同被困在了电梯中。由于两人并不认识，苏珊娜对帕斯慢慢产生了戒备之心。帕斯见状，主动和苏珊娜聊了起来。

帕斯："你也在这里上班吗？"

苏珊娜微微点头。

帕斯："我在17层的华安律师所，你在几层？"

苏珊娜："我在12层云翔科技。"

帕斯："哦，你是云翔科技的？我有个同学几年前在你们那干过……"

就这样，在交谈中苏珊娜慢慢放下了戒备心理，而且后来两位还成了朋友。

很多人都有这样的体会，有些时候，在与陌生人交流时，由于与对方没有共同语言，会觉得很别扭，恨不得马上结束谈话。但当你有求于人时，必须要打破这种窘境。而找到共同话题是摆脱窘境的好办法。那么，如何去寻找共同话题呢？

（1）事前搜集资料。如果是事前约好的见面，就要在没见面之前，先找到有关对方的资料，对对方大概有一个了解。当然，如果有条件，可以做得更好些。而对方的个人经历、爱好、职位、健康状况等是必须要清楚的。这样，就可以在见面后以其中的某一项为话题切入点，将对方引导到同一情境中去。

（2）善于察言观色。如果没有机会更多地了解对方，那就要懂得察言观色，也就是一边交流，一边观察。其实，只要用心观察，总会发现你与对方共同关注着某一件事，或者在一些问题上，你与对方是相同观点的，或者会发现你与对方有某些相同的爱好和兴趣。找到这些，就可以由此为切入点，进行更深入的交流。

（3）注意语言策略。有了共同话题为切入点，就相当于为展开交流打开了大门。但要做到和对方产生情感共鸣，在语言运用方面也要采取一定的策略，也就是你要把话说到他的心窝里，这样才能取得良好的效果。

交流需要技巧，有了技巧才能让看似简单的交流过程，变得和谐美好。同时，完成自己的心愿。

在办案过程中，FBI面对犯罪嫌疑人和证人时，要取得想要的证据，与他们交谈时，更需要讲究技巧。因为只有巧妙的谈话，才能无形中化解对方的敌对感，使其在不知不觉中透露出蛛丝马迹。而寻找共同话题，就是FBI询问中的一个交流手段。

第二章　营造氛围：

FBI 教你打消别人的抵触情绪

1

取得对方信任是交流的第一步

FBI探员认为，对方信任你才会积极地跟你交流，所以在交流时，能否取得对方信任对交流能否顺利进行影响很大。

在生活中，与陌生人打交道是常有的事。众所周知，每个人都有一定的戒备心理，尤其在面对陌生人时，人们往往会在彼此之间设立防卫墙，这样就使得陌生人之间的交流很难打开局面。这就需要一方更加主动一些，一般情况下，有求于人的那一方会做出主动表示。可是，即便一个人向另一方伸出了橄榄枝，也未必能取得想要的结果。究其原因，缺乏信任是对方不愿多作表示的一个重要因素。心理学研究认为，在信任他人的同时，是需要承担受伤害的风险的。正因为如此，人们为了维护自身利益，并不会轻易去相信他人。没有信任，就很难有交流，更不会有任何有意义的交流。因此，想要与陌生人展开交流，达成某种心愿，取得他的信任是非常关键的一步。

想要取得陌生人的信任并不容易，但也不是没有办法，就像有些人总能让别人第一眼看到他，就对他产生信任感。也就是说，如果交谈时话语把握到位、处事得当，还是会很快赢得对方的好感和信任的。那么，与一个自己并不熟悉的人交流前，应该怎样做才能更快取得对方的信任呢？

（1）礼仪。在人际关系中，礼仪的作用至关重要。首先它对个体起着规范作用。人们该做什么，不该做什么，都来自于礼仪的教导。合乎规范的行为，才是礼仪所允许的。其次，在人际关系中，礼仪还具有调整、调节的作用。人际关系中，难免会出现一些不和谐，如果这种不和谐不能得到及时制止，则会愈演愈烈。而在人际交往中，礼仪可以进行及时调整和调节，从而使矛盾得以缓解。换句话说，人们之所以会产生冲突和矛盾，主要原因在与双方缺乏了解和沟通，而礼仪的作用正是促进人们相互了解和沟通的。比如热情的寒暄和真诚的微笑可以拉近人与人的距离，真诚的道歉可以让人感受到你的诚意等等。所以，注重礼仪，也是赢得他人信任的一个重要因素。

（2）诚意。真诚是取得他人信任的基础，因此，想要在交流中赢得他人的信任，就要做到真诚待人。同时，实实在在地做自己。一个人要保持本色，不要做作，不要盲目地迎合他人，不要不懂装懂，以免贻笑大方。不要掩饰自己的缺陷，不要否认自己的过错。在与对方交谈时，要做到磊落坦荡，平视对方，切忌眼神躲躲闪闪；举止要自然、大方，切忌做作；微笑要充满暖意，不要皮笑肉不笑，那样会让人感觉很虚伪；称赞他人时要发自内心，切忌奉承；如果要对他人进行评价，要态度诚恳，情感真挚，不要阳奉阴违、口是心非。

相互交流是一个传递信息的过程。但想要赢得他人的信任，不只需要准确流畅地表达出自己的思想，还要让你所表达的思想和信息与对方产生共鸣。所以你说的话要能拨动听着的心弦，而真诚的情感注入，就是重要的因素。

美国前总统尼克松曾利用一次真诚的演讲，化解了自己的政治危机。1952年，还是一位参议员的尼克松，成为艾森豪威尔的竞选伙伴。就在他为竞选奔忙时，《纽约时报》的一篇文章将他推向了舆论的风口浪尖，《纽约时报》发文称尼克松在竞选中受贿。为了化解危机，尼克松被迫在电台发表半小时讲话。在这次讲话中，尼克松公开了自己的全部财务历史。他从自己的家产，一直说到所欠的债务。对于自己的经济收入以及每一分钱是怎样花掉的，他统统讲给了民众。他还告诉大家，他确实在竞选提名后，收到了一份礼物，得克萨斯州的一个女孩送给他的一只小狗。这次演讲受到了如潮好评，他的真诚和朴实让他赢得了很多人的心。由此可见，真诚是赢得他人信任的重要根本。

所以，在人际交流中，要做到真诚，这样才能赢得别人的信任。

（3）投其所好。在交谈时，要学会站在他人的立场分析问题，设身处地，将心比心，这样能给对方一种为他着想的感觉。这是一种交谈策略，这种投其所好的妙处就是可以赢得他人好感，拉近彼此的距离，使交流变得更加和谐。在人际交流中，如果懂得投其所好，说出来的话就会深入对方的心，容易赢得对方的好感和信任。否则只会招来对方的厌恶，展开深入交流就更不用提了。

美国前总统罗斯福，非常懂得投其所好是获取他人信任的手段。不论他接见任何人，他都会在之前先了解对方感兴趣的谈话资料，在交谈时，很快取得对方的信任。无疑，投其所好是获取他人信任的一个很好途径。

在人际交流中，只有取得他人的信任，才能进行深入交流。没有哪个人愿意和一个无法让自己感受到安全感的人去交流，因为那样的交流不会带来任何有意义的东西。因此，在与人交流时，一定要先给人一个真诚、懂礼仪、能获得良好互动的印象，这样才能拉近彼此之间的距离，获取对方的信任。

FBI就算在审问犯罪嫌疑人的过程中，也往往会表现得十分友好真诚，会很人性地对待他们，从而让他们缓解压力、放松警惕，以便进入良性的交流氛围。

2

让对方感受到你对他的话感兴趣

FBI心理分析师告诫人们，交流是相互的，只有双方都进入良好的交流状态，才能使交流更加顺畅。而在交流的过程中，让对方感受到你对他的话感兴趣，也是调动对方积极交流的方法之一。

在人际交往中，交谈是人们建立及协调人际关系的重要一环。对于交谈，大致有两种情形：一种是让人愉快的交谈，一种是让人生厌的交谈。成为一个受欢迎的谈话者，应该是每个人的心愿。而轻松愉快地交谈，才是成功的交谈。应该说，好的交谈状态和氛围是双方有积极的互动，因为交流本来就是一种信息交换的过程。

那么，如何在交流中，营造出一种轻松愉快的交流氛围呢？想要有一个好的交流氛围，一定要注意以下几点：

（1）切忌喋喋不休。不要只顾着自己说话，或者对着别人抱怨生活有多少烦恼，没有谁有义务为你浪费自己的宝贵时间，而且被你谈话的内容弄得心情极坏。喋喋不休的谈话方式，很讨人厌烦。

（2）切忌插嘴插舌。有些人总喜欢在别人说得兴起时，突然打断人家的话，让对方猝不及防，不得不将想说的话咽回去。而插嘴者往往会扯到别的话题，或者替对方说出结论，以炫耀自己很有见识，这种情况会让原来说话的人十分讨厌。而从某种意义上说，中途打断别人的话也是一种不尊重他人的表现。这样的做法自然会让人产生抵触情绪。

（3）切忌自说自话。自说自话的人，往往只顾说自己要说的话，不管对方接不接受，只管自己说自己的。这种人总是觉得自己感兴趣的事，也一定是他人感兴趣的。

（4）切忌心不在焉。在与人交流的过程中，如果一方说话时，另一方表现出心不在焉的样子，会让讲话者心中十分不悦。因为人家在和你讲话时，你却把注意力分散到别的地方。当对方向你提出某一问题或观点时，你突然冒出来这样一句话“你问我什么？”这让说话者情何以堪？怎么还能有继续讲下去的兴致？可以说，在对方同你讲话时，你表现出心不在焉的样子是有失礼貌的。

在人际交流中，想要赢得对方的好感，而不是让人心生厌烦，应该首先认真听他人说话，然后在合适的机会，适当给予回应。所以，想要营造良好的交谈氛围，就应该懂得倾听。

首先，在对方讲话时，应该用平视的目光看着他，并聚精会神地听他讲话。在听的过程中，不要做小动作，那样会给人留下不好的印象，让人觉得你不够沉稳。同时，要表现出你对他的每一句话都感兴趣的样子，这是一种无声的鼓励。看到他人专注听自己讲话，也会获得一种满足感，并能进一步加深交流。

其次，在听取对方谈话的过程中，要积极、认真地去思考他所讲的内容，这样可以在合适的机会做出回应。在人际交流中，先做一个倾听者，不要急着去表达自己的观点，而是要认真倾听对方的话，然后选择合适的机会与他互动，让对方感受到你对他的话是感兴趣的。同时，在回应对方的时候，还能通过他的反应了解到他的心理状态，从而把握谈话的节奏和方向。

再次，在别人讲话时，要注意自己的神态，哪怕是一个表情、一个眼神、一个简短的回应都不要疏忽。细节往往正是对方关注的问题，他会从你的这些微乎其微的表现中，去体会你对他所讲的话是否感兴趣，或者你内心真实的情绪。同时，在别人讲话时，不要和对方靠得太近，那样会给人一种威慑感，成功的交谈应该在轻松愉快的氛围下进行。

另外，一个社交高手，在与他人交谈时，即便对对方的话题不感兴趣，也会在倾听的过程中，不时地重复对方话语中的关键词，以显得他在认真听对方的讲话，对对方的谈话感兴趣。心理学把这种谈话技巧称为“反射”。美国心理学家罗帕多埃里做过这样一个实验，他事先找来一些工作人员，然后让90多名女大学生与他们进行对话。在对话的过程中，这些工作人员，对其中一半的女大学生的发言，做了回应。也就是当这一半女大学生在发言时，工作人员对他们话语中出现的“感情用语”或“关键词”给予了重复；而对于另一半女大学生，工作人员则采取了不同交流方式，也就是当这些女大学生在和他们交流时，对于女大学生话语中所带的富有情感的语句和关键词，工作人员没有给予重复。实验的结果显示，两组女同学与工作人员的交流，在时间和次数上是不一样的。前者与后者相比，谈话时间更长，谈话次数也多，而且她们对工作人员的好感度比后者高出11个百分点。可以说，前半部分的学生非常乐意同工作人员交流。

从这个实验中不难看出，在双方交流时，如果一方对对方的感情用语或关键词注重重复，对方不仅更愿意交谈，还会对你产生兴趣，引发好感。在人际交流中，找到对方谈话中的关键词和带有感情的词语，是需要用心的。也就是说，在听对方的谈话，要将其情绪与他说的话结合起来。这样，即便稍有走神，也可以准确地说出关键词，让对方感觉到你对他说的话感兴趣。

重复关键词时，也是有一定技巧的。通常情况下，重复对方的关键词后，对方会更有说话的兴致。当他说得很尽兴时，再时不时地附和他几句。当然，在附和时要注意两点：一点是附和的声音要稍大一点，并且多附和两句，对方感受到你热烈的回应，便会引发更大的谈话兴趣；第二点是，在谈话的前半部分，不要附和太多，到后半部分时，可以多附和几句。这样，交谈的氛围会更加活跃。

3

运用眼睛营造良好的交谈氛围

FBI心理分析师指出，善于交谈的人，大都懂得在交谈时运用眼睛帮助自己营造良好的交谈氛围。

在人际交流中，语言表达是关键的一环，但是眼神在交流中的作用也非常重要，它所流露出的感情语言可以传递细微的感情。许多语言和手势无法准确表达的信息，却可以通过眼神来表达。在生活中，人们可以发现，一个内心充实、感情丰富的人是可以透过眼神儿显现他的内心的。

医学研究证明，眼球后方感光灵敏的角膜含有上亿个细胞，它们将收到的信息传送至脑部。这些感光细胞，能够在任何时间同时处理150万个信息。也就是说，在一瞬即逝的眼神中，可以有千万个信息发射出来。眼睛不仅能够表达一个人的情感和意愿，还能将一个人内心深处的秘密泄露出来。之所以会这样，是因为眼球底部的三层神经元，具有分析综合能力。而且，脑神经直接支配着人的瞳孔变化和眼球的活动等。所以，人的瞳孔扩大和收缩，可以将复杂多变的心理活动如实地反映出来。当人们感到愉悦或恐惧时，瞳孔就会扩大；当人们感到郁闷，心情低落时，瞳孔就会收缩；如果一个人对所看到的事物漠不关心，或者感到无聊时，瞳孔便不会发生变化。由此可见，眼睛与脑部动作的配合所产生的各种眼神的变化，都在传递着信息。所以，心理学研究指出，任何人的眼睛都无法遮盖其真实的情感和情绪变化。

人们在日常交往中，经常会看到各种不同的眼神，比如当一个人对他人反感和仇恨时，不仅瞳孔会缩小，目光还会变得十分尖锐；而当一个人对他人表示同情，或者对某人和某事产生极大兴趣时，则会睁大眼睛，一副认真关注的样子。可以说，不同的目光，反映着不同的心理。同时，也会产生出不同的交流效果。而相关研究证明，如果两个不熟悉的人相对而坐时，相互注视对方的眼睛，就很容易让彼此产生亲近感。这是因为，这种情形能让大脑中与接收奖励信息有关的区域受到刺激，所以彼此会产生好感。

美国社会心理学家宝拉·尼登塔尔认为，眼神交流对微笑也有着重要意义。为此他曾和他的同事让学生们观察一系列人像画作，这些作品中，有一部分作品人物的目光投向远方，一部分与学生四目相对。尼登塔尔和同事要求学生对画作的感染力进行评估，并在第一次评估之后，用木条将画作人物的眼睛遮住，让学生进行再次评估。结果，学生认为，人物眼睛在没有被遮住时具有更强的感染力。而且，虽然画作中的人物都是微笑着的，但学生认为，与他们四目相对的人物作品的感染力更强。所以，尼登塔尔指出，蒙娜丽莎的微笑之所以那么迷人，就是因为人们可以与她进行眼神交流。由此可见，在人际交流中，当他人交谈时，我们微笑着注视对方，并能与其进行眼神交流，会让对方产生非常好的感受。也就是说，眼神交流能营造出融洽、和谐的交流氛围。

一个善于交流的人，不仅可以透过他人的目光，揣测出对方的情感和情绪变化，还能利用自己的眼神巧妙地传递自己的情绪和情感。因此，善于交际的人，往往在与人交流时，会利用眼睛营造良好的交谈氛围。比如他们在听对方说话时，不会让自己的目光游离于别处，而是注视着对方的眼睛，一边倾听，一边给予一定的反应。在人比较多的情况下，当一个人看着对方的眼睛说话时，会让对方觉得这句话就是对着他一个人说的，让他产生出你在与他促膝谈心的感觉。

有些人在与人交流时，往往忽略或不清楚眼神在交流中的作用，因此在与人交流时，不懂得运用眼睛来为交流营造良好的氛围。而有些人深谙其理，所以在需要营造良好的交流氛围时，会充分运用这个技巧。在对方讲话时，微笑着注视他的眼睛，让交谈者感受到对方对自己的话语是感兴趣的，这在无形之中就拉近了彼此的距离。不过，尽管眼睛在交流中的作用很大，但在注视对方眼睛时，并不能直接直视。也就是说，一直盯着对方的眼睛，会让人感觉不舒服。恰当的做法是，盯着眼睛和鼻子的倒三角，然后时而微笑着注视一下对方的眼睛。

那么，在人际交往中，为了营造良好的交谈氛围，我们应该注意什么呢?

在与对方交谈时，切忌左顾右盼，眼神飘忽。很多人在与人交谈时，由于担心忽视在场的任何一个人，所以眼睛会快速地从众人身上扫过。实际上，这样做往往会让大家觉得你是一个缺乏安全感的人。

不要只看物，不看人。有些时候，有些人在与人交流时，不看人只看物。这种情况一般发生在交谈者比较紧张时，或者对所讲的内容不熟悉时。但是，在交谈时，如果一个人总是这样的神态，会让对方觉得被忽略，或是觉得你漫不经心，不在乎他。这样做的结果是，对方也会选择同样的方式对待你。无疑，这样将会使得交流氛围变得难以和谐。

切忌使用敌意、轻蔑的眼神。在正常情况下，与人交流时的目光必须是温和友善的，这样会给对方一种温暖的感觉。而轻蔑、敌意的眼神则会激起对方的愤怒与敌意，从而想尽办法表示对你的反对，这样的交流氛围自然不会和谐。

FBI的探员告诫人们，在与人交流时，眼睛可以传递情感，泄露情绪，所以，一定要注意自己的眼神。

4

用寒暄作为开场白

FBI心理分析师认为，善于交流的人，都懂得寒暄对于交流的作用，因此，他们往往能抓住这一机会创造良好的交流氛围。

作为人际沟通中重要的一部分，寒暄有着非常大的作用，它是人们建立语言交流的方法之一。在人际交往中，与刚刚见面的人寒暄几句，虽是客套之词，但它对之后的交流气氛有着一定的影响，有助于双方商谈正题气氛的营造。寒暄能使不相识的人相互认识并变得熟悉，还能使单调的气氛活跃起来，因此能够促进双方进一步交流。

寒暄，作为交谈的开场白来使用，主要用途在于打破人际交往中的僵局，使人与人之间距离缩短，还可以借此向对方表示自己的敬意，或者向对方传递愿意与之结交之意。因此，在与他人见面时，如果寒暄语选用恰当，对之后的进一步交流也会奠定良好的基础。但如果在该与对方寒暄的时候，没有跟对方寒暄，则显得非常没礼貌，势必会影响交流气氛。比如当别人将你介绍给他人后，正常情况下，你要跟对方寒暄几句。如果你只向对方点点头，或是只握一下手，通常他人会认为你不想与之深谈，或是不愿与之结交，当对方有了这样的判断后，也不会对你表现出太多热情。

寒暄主要是为了造势，也就是在交谈前创造一个有利于交谈的气氛，其内容一般与正题无关。很多时候，人们在交流时，不愿意过早地触及实质性的问题，或者在与陌生人初次见面时，往往不知道说什么，这时，便会先谈一些大家熟悉的、与正事无关的话题，以消除彼此之间的陌生感，使紧张的气氛得以缓解。比如谈一谈最近的天气状况，或者社会上出现的一些热点新闻等。这样一来，彼此之间的距离就会被迅速拉近，一种友好亲切的交谈氛围也就出现了。当然，寒暄语的选择不是固定的，这需要根据具体情况而定，只要能引起对方兴致的都可以作为寒暄的话题。

空中客车公司的贝尔纳·拉迪埃是一名销售能手，他在刚刚被推荐到空中客车公司时，就接到了一项棘手的任务——向印度销售飞机。当时，这笔交易已由印度政府初审，但还没有被批准，因此能否获得印度政府批准，就看销售代表的谈判本领了。

对于此行的重要性，拉迪埃非常清楚。印方负责接待拉迪埃的是印度航空公司主席拉尔少将。到达印度后，拉迪埃见到了自己的谈判对手，他跟对方说的第一句话是："正因为您，我才有机会在我生日这一天再次回到我的出生地，谢谢您！"应该说这一句寒暄语非常得体，既简明扼要，又包含着丰富的内容。可以说，这一句开场白立刻拉近了他与拉尔少将的距离。毋庸置疑，拉迪埃的印度之行会取得成功。拉迪埃作为销售代表，曾为空中客车公司创下过辉煌的业绩，而这与他善于寒暄是密不可分的。

寒暄看似很简单，但要恰当地运用并使其充分发挥作用，是需要费一番心思的。而想让寒暄对整个谈话过程有一个良性的影响，就绝对不能轻视它。所以在寒暄时需要注意以下几点：

主动热情，诚实友善。在寒暄时一定要选择合适的方式与话语，同时还要注意自己的态度。比如你跟对方说“见到您很高兴”时，脸上是一副冰冷的样子，对方的感觉会如何？

适可而止，因势利导。寒暄要恰如其分，不要太“过”，也就是说，寒暄要有“度”。恰当适度的寒暄，对于营造良好的谈话氛围是有帮助的。因此，寒暄时不要没完没了，也不宜过于简单。一个善于交谈的人，能够从寒暄中找到合适的机会，因势利导，言归正传。

选择合适的话题。一般情况下，选择寒暄的话题时，人们往往会倾向于天气、医疗保健、社会热点新闻、自己曾经闹过的无伤大雅的笑话、家庭问题、运动、娱乐等话题。

掌握分寸，恰当合宜。在寒暄时寒暄语的使用切忌过度，要精练不拖沓。可以随意，但不能漫无边际，否则会让对方产生不好的印象，对进一步交往造成不利影响。而且，在寒暄时不能一味地吹捧对方，尤其当对方是你仰慕的人时更要注意。掌握不好分寸，会被对方误解。

注重场合，用语谨慎。在与人寒暄时，要注意场合。在庄重的场合下，寒暄应该与环境保持一致，既热情又不失庄重。而在轻松的场合下，要既轻松又不流于庸俗。不合时宜的寒暄，往往会产生尴尬的情形，所以一定注意这一点。

针对不同的对象，选择不同的措辞。在社会交往中，往往会遇到各种不同类型的交往人群，所以寒暄语的选择也应有所不同。如，交谈双方的年龄差比较大时，在寒暄的过程中，年轻人应该表示敬重，年长者要表现得谦虚热情；而如果交谈双方比较熟悉时，寒暄可以随意轻松一些；如果交谈双方比较陌生时，寒暄则要郑重一些。另外，还要注意性别的不同。异性交往时，在寒暄的过程中一定要注意，不适合女性的语言切忌使用。要使自己的寒暄语尽量做到格调高雅，这样才能更容易获得对方的好感。同时，在寒暄的过程中，还要注意文化背景的特殊性。不同的地域与民族，在语言使用的习惯和表达文化内涵上是存在一定差异的。所以，一定要选择适合的寒暄之语，不然很容易适得其反。

在人际交往中，寒暄是交流中不可缺少的一部分，恰当地使用寒暄，可以让交谈气氛一下子变得轻松、友善和亲切，从而对进一步交流有所帮助。FBI犯罪心理学专家指出，只有善于交流的人，才能避免与人产生更大的摩擦。而在交流中，注意寒暄的运用，可以使交流进入良性状态，这对人际交往的和谐发展很有帮助。

5

温和的语言可以让交谈气氛变得更加融洽

语言在交际中占主导因素，在双方交流的过程中，二者如何和谐地进行深入交谈和探讨，是交际双方都需要注意的问题。也就是说，交谈气氛的融洽与否，与交谈者如何使用语言有着直接关系。尽管在交流的过程中，人们也会使用非语言交流，但非语言交流与系统连贯的语言表达，对交谈气氛的营造还是有一定差距的。

温和的语言如一缕春风，让人感受到的是一种温暖和舒适。因此，这样的语言必然能让交谈气氛更加轻松和谐，从而让交流顺利地进行下去。FBI与犯罪嫌疑人经常打交道，探员们与犯罪嫌疑人进行交流时，非常清楚如何与他们沟通。这些善于揣摩他人心理的破案高手，经常会使用温和的言辞与嫌疑人进行周旋。事实上，他们知道，在很多时候，对于那些穷凶极恶之徒，如果再用激烈的言辞与他们对话，就会更加激起他们心中的怒火。那样不但不会让他们承认犯罪事实，反而让案子的审理变得更加麻烦。而如果能够温和地对待犯罪嫌疑人，他们的抵触情绪就会有所消减，使交流气氛变得融洽一些，或者更有可能乖乖地配合。

美国警方曾抓获过一名嫌疑人，这个人叫蒙蒂·海伦斯。海伦斯是数起儿童被杀案的嫌疑人。对于这样一个穷凶极恶的人，警察当然非常重视。海伦斯一直觉得自己是个备受冷落的人，所以脾气很坏，而且经常毁坏监狱里的公物。对于警察的教训，他也全然不当回事，依旧想怎样就怎样。对于这样的一个人，警方当然想从多个方面对其进行了解。为了达到这一目的，FBI派出探员雷斯勒前去对海伦斯进行采访，陪同雷斯勒的是另一位FBI探员比尔·托马斯。

采访刚开始，海伦斯就说灯光太亮，让探员不要将灯光直接打到他的脸上，托马斯对此进行了粗暴回应。在采访过程中，当谈到童年的梦想时，海伦斯沉浸在自己的想象世界中，并对两位探员说："先生，您知道吗？小时候我特别想长大后成为一名飞行员，因为我喜欢离开地面的感觉……""是啊，如果在机舱里在给你放进两个可爱的小孩儿，就更好了，是吧？"不等海伦斯说完，托马斯便一脸不屑地打断了海伦斯的话。托马斯的话一出口，海伦斯的脸色就变了。他气得涨红了脸，冲着托马斯大声叫嚷。其实，对于海伦斯而言，虽然他放纵自己虐待小孩，并将他们残忍杀害。但事实上，他对自己的这一行径是深感可耻和憎恶的。所以，他无法忍受托马斯提起这样的话题，并用那样的语气跟自己说话。

在对海伦斯进行采访时，雷斯勒没有像托马斯那样对待海伦斯，他说话的语气十分温和委婉。他先跟海伦斯聊了一些其他事情，然后才慢慢地将话题引到海伦斯的童年上去，最后才提起他残害儿童的问题。因为在交谈的过程中，雷斯勒没有直接将话题进入到伤害儿童的事情上，而是先做了很好的铺垫，因此，海伦斯的情绪一直比较平静，并且在雷斯勒的话语引到下，慢慢讲述了他当时的心理变化。对于这个结果，雷斯勒说："虽然关于残害儿童问题的研究很重要，但我并没有在与海伦斯交谈时急着进入这一话题，毕竟彼此并不熟悉。我希望他讲出自己的心理历程，而不是嘲笑他。"海伦斯与雷斯勒的交流是和谐、平静的，而且，当他们的交流结束时，海伦斯对雷斯勒说："谢谢你，雷斯勒。"

雷斯勒对于海伦斯的反应一点也不意外，他与很多嫌疑人打过交道，也经常会遇到这样的情况。在结束交谈时，他们会对他说"谢谢！"

雷斯勒之所以能在采访的过程中，赢得犯罪嫌疑人的好感，使交谈顺利进行，其主要原因在于，他的交谈是以一种温和委婉的方式进行的。这样的方式最容易营造一种良好的交谈氛围，赢得犯罪嫌疑人的信任和好感，使他们的心扉悄然打开。而像托马斯那样用不屑的态度，生硬冰冷的话语与犯罪嫌疑人交谈，只能将事情弄得更加难以解决。

很多时候，对于一些穷凶极恶的犯罪嫌疑人，强硬的态度根本无法起到任何作用，而温和委婉的语气却往往能够软化对方的心，从而让审讯或问话朝着期望的方向走下去。对于这一点，FBI犯罪心理学研究专家指出，一个处于弱势地位的人，对于温和的言辞会比较容易接受。所以，那些被抓进牢房的犯罪嫌疑人，如果碰到用温和的言辞与他们对话的审讯员，便很容易主动配合FBI的调查。

事实上，在生活和工作中，人们也经常需要与他人进行沟通交流。这时候，想要保证交流和谐地进行，温和委婉的话语便可以派上用场。

使用温和的言辞，即便是向他人提出建议时，也不会让对方感到难堪，不会因为意见相左而引起冲突。善于沟通的人，在与人交流时，往往深谙其中的道理，所以他们很少因为言语而导致人际关系不和谐。

众所周知，在社会交往中，人际关系是否协调，很多因素在于当事者的交谈方式。特别是第一次与他人见面时，如果能够懂得使用温和的言辞与人交谈，就会给对方留下一个好的印象，为彼此进一步的交往奠定良好的基础。没有人喜欢粗暴无礼、奚落讥讽的语言，使用这样的语言与人交流，必然会使交流的气氛变得紧张不和谐。因此，想要获得良好的交流效果，就要懂得用温和的话语去制造良好的交流氛围。

第三章　助推声势：

FBI 教你对人晓以利害，形成威慑力

1

FBI 如何识破造势者的假象

FBI前任代理局长弗洛伊德·I·克拉克曾经说过：“在实战中不要被对手的外表所蒙蔽，更不要受到他们看似强大的气势影响。因为在很多情况下，对手表现出的这些特征都是假象，这多半是他们试图掩盖内心惶恐不安的一种表现。而对待这样的人，就要勇于揭穿他们，让他们的心理防线迅速瓦解。如此一来，获胜的几率就会大大提高。”

正如弗洛伊德·I·克拉克局长所说的那样，现实中的一些犯罪分子确实善于为自己造势。比如他们会通过抬高嗓音的方式来掩饰自己的谎言；通过借助环境或地形等方面的优势，为自己营造强大的气势。但无论他们如何造势，其内心的恐惧或不安都不会消失。而FBI也正是由于能看穿犯罪嫌疑人内心的不安和恐惧，才不会被他们制造出的强大气势所迷惑。在FBI实战中，类似的案例非常多，而其中一件发生在弗洛伊德·I·克拉克局长身边的案例尤为经典。这是FBI在实战中看穿造势者外强中干内心世界的一场精彩对决。

在弗洛伊德·I·克拉克担任FBI代理局长的1993年，美国亚利桑那州首府凤凰城发生了一起持枪抢劫案——劫匪将一家大型珠宝店的店长劫为人质后迅速逃离至凤凰城郊外的一处教堂。弗洛伊德·I·克拉克驱车追赶过来时，劫匪挟持人质已进入到教堂里。弗洛伊德·I·克拉克在教堂的二楼发现了绑匪，他正将刀子架在人质的脖子上，还大声喊道："不要过来！否则我就杀了她！"弗洛伊德·I·克拉克只好站在原地。

过了一会儿，弗洛伊德·I·克拉克缓缓地对劫匪说道："嗨，老弟，有什么事情都可以商量，先放了人质再说。"

听罢此话，劫匪大声说道："让我放了人质简直是做梦！马上给我找一辆去往机场的汽车，否则我将引爆身上的炸弹！"听到这里，弗洛伊德·I·克拉克不禁被惊出一身冷汗，因为他知道穷凶极恶的犯罪嫌疑人什么事情都可能做出来。但他在听犯罪嫌疑人讲话的过程中却发现，犯罪嫌疑人在说话的时候虽然表现得非常凶狠（给人的感觉气势非常强），但其话语中却透着一丝颤抖。由此，弗洛伊德·I·克拉克初步断定犯罪嫌疑人的内心充满了恐惧。做出这一判断之后，弗洛伊德·I·克拉克以安排逃生汽车为由走出了教堂。随后他迅速拨打了要求支援的电话，并在电话中对抓捕行动进行了部署。做好这些准备工作后，弗洛伊德·I·克拉克再次找到藏在教堂里的犯罪嫌疑人，并告之为其提供的逃生车辆已经准备好。闻语，犯罪嫌疑人随即便架着人质走出了教堂。当犯罪嫌疑人正要走向汽车时，弗洛伊德·I·克拉克对其说道："老弟，先放了人质吧！"

"少废话，再啰嗦我真的要引爆身上的炸弹了！"说完他还恶狠狠地瞪了弗洛伊德·I·克拉克一眼。此时，弗洛伊德·I·克拉克清楚地感到，虽然犯罪嫌疑人的目光十分凶狠，但其声音中依旧透着颤抖，他说话的同时，右腿还发生了轻微的抖动。弗洛伊德·I·克拉克凭借多年的实战经验认为，犯罪嫌疑人身上根本没有炸弹，这只是他为自己造势撒的谎而已。为了能保护人质的安全，弗洛伊德·I·克拉克认为，对付为自身制造气势的犯罪嫌疑人，最有效的方法就是对其实施攻心策略。只有这样，才能让他们丧失抵抗心理。于是他一改此前平和的语气，用严厉的声音对犯罪分子大声说道："你在撒谎，你身上根本没有炸弹！"此话一出，犯罪嫌疑人猛地摇了一下头，并且双腿也在不自觉地发生颤抖。弗洛伊德·I·克拉克见此情况继续大声吼道："放开人质，停止不必要的抵抗吧！这样你才能有出路，否则后果将不堪设想！"犯罪嫌疑人听完这些话后，再也没有此前看似强大的气势了，身子一软，瘫坐在地上。而最终，弗洛伊德·I·克拉克没费一枪一弹便成功抓获了他。

事后对犯罪嫌疑人的讯问中，弗洛伊德·I·克拉克发现，正如自己的预测一样，犯罪嫌疑人身上并没有携带炸弹。他这样做的目的就是想为自身提高不可战胜的气势，以便迷惑FBI特工。但他没有想到的是，弗洛伊德·I·克拉克凭借超群的胆识以及独特的慧眼，看穿了隐藏在他内心深处的秘密，从而战胜了他。

每当回想起这个故事时，弗洛伊德·I·克拉克都会这样说："在与对手交锋的过程中，当看穿对手的心理秘密以后，提高说话声调不仅在心理上能占据优势地位，更重要的是能让对手受到惊吓而不知所措。"他从多年的心理研究中发现，在与对手交锋的过程中，说话的声调必须要大，这样才能在心理上占据优势地位。如果在与对手交锋中说话声音小，而对手的声音大，就会造成在心理上你输给对手的情况。如此一来，还如何能镇住对手呢？

美国心理研究中心的一项研究表明，人说话声音声调的高低，与其内心是否自信有关。很多时候，那些说话声调小的人往往是一些不自信的人。而这样的人与对手交锋时又怎么能有效地镇住对手、一招制敌呢？因此，有时在与人交谈时不能在声调上输给对方。

此外，在弗洛伊德·I·克拉克看来，对手即使把计划做得再周密，为自身营造的气势再强大，也会有疏忽的地方，即对手会露出“小尾巴”。很多时候，对手出现“小尾巴”是非常致命的，因为它能将对手的心理特征和行为特征表露无遗。这样一来，当有人发现并抓住其“小尾巴”后，也就等于抓住了他们的致命弱点。而在这个时候，对其展开语言攻势就能击破他们的弱点，从而达到镇住对手的目的。

从弗洛伊德·I·克拉克解救人质这一案例中可以清楚地看出，虽然起初他遇到了气势非常强的对手，但他并没有受其影响，而是通过观察和分析看穿了犯罪嫌疑人内心的秘密——外强中干，最终用强有力的话语对其发起强势攻击，从而取得了胜利。而在职场或日常生活中，我们也可通过这种方式应对自己的对手。

2

关键时刻要一针见血地切中要害

国际著名谈判专家罗杰·道森曾经说过：“在与别人说话的过程中，要时刻观察对方的言行以及情绪变化，并用一针见血的说话方式与其进行交流，这样才能与其有效地建立起良性的沟通。在提升自身语言魅力的同时，也让别人被自己的语言魅力折服。”在这段话中，罗杰·道森所强调的就是一针见血的说话方式的重要性。

作为一名谈判专家，罗杰·道森知道与对方沟通时应该采取什么样的说话方式，能够在交谈中取得成功。在他看来，在众多说话方式中，一针见血的说话方式有时可以发挥出非常好的沟通效果，更是让自身言语瞬间充满极强魅力不可或缺的方式。

20世纪90年代初，罗杰·道森运用一针见血的说话方式与伊拉克前总统进行了谈判，并成功说服萨达姆释放一名被绑架的美国人质。这一天，罗杰·道森刚参加完会议准备回家时，一阵急促的电话铃声响起，电话中的人传来急迫的声音，声称自己在科威特石油公司的一位亲戚被萨达姆的卫队扣为人质。电话里的人非常诚恳地邀请罗杰·道森为谈判代表，声称“就算倾家荡产也要赎回他的亲属”，随后电话里的人大哭了起来。罗杰·道森劝慰了他，并告诉他不用花一分钱就可以将他的亲属赎回。虽然这个人对罗杰·道森的谈判能力表示认可，但他还是对罗杰·道森“不花一分钱就可以赎回自己亲属”的话将信将疑。

随后，罗杰·道森便开始着手准备谈判方面的事宜。通过分析他认为，萨达姆之所以扣押美国人质，或许是因为自身有强烈的不满，甚至与两国之间的政治也不无关系。罗杰·道森继续进行深入的分析，他认为，人质不会有生命危险。因为他考虑到在海湾战争期间，国际社会对萨达姆的印象都不太好，萨达姆也意识到要改变这种糟糕的情况。如果他杀害了美国人质，国际社会对他的印象将会更加不好。因此，萨达姆不会因为一个美国人质而毁了自身的形象。

不久之后，罗杰·道森便踏上了与萨达姆谈判的路途。几经周折，双方最终约定好在伊拉克邻国——约旦进行会面。他见到萨达姆，简单寒暄了几句之后，便开门见山地对萨达姆说道：“总统先生，我这次专门从美国而来，就是要与你就美国人质问题展开谈判。”说完，他看了萨达姆一眼，还没等他开口便提高了嗓门，一针见血地说道：“我想总统先生肯定不希望自己的形象受到损害。但如果你继续扣押人质，对你改善自身形象是极其不利的。如果你能释放人质，并在镜头前就扣押人质的事情做出道歉的演讲，这一定能极大提高你的个人形象，也能消除国际社会此前对你的不良印象。”

很多人会认为脾气火爆的萨达姆不会听从罗杰·道森的建议，可没想到萨达姆主动走向前，握着罗杰·道森的手向其表示会尽快释放人质。随后他通过伊拉克广播电台发表了一段长达15分钟的电视演讲，演讲中明确表明会尽快释放美国人质，并愿意为人质受到的伤害负责。几天后，被扣押的美国人质平安回到国内。民众向其表示祝贺的同时，也对罗杰·道森高超的谈判技巧深感钦佩。于是，美国国内的媒体铺天盖地对罗杰·道森进行了采访，问得最多的问题，就是他是如何成功说服萨达姆释放人质的。罗杰·道森的回答只有短短的一句话："要一针见血地说出对方心里所想。"

罗杰·道森的案例向人们传递出这样一个信号：要想让自身的言语被别人采纳或接受，就要一针见血地说出对方心里的想法。必须要明白对方想要什么，因为自身想要的东西对于对方来说可能是毫无价值可言的。罗杰·道森成功说服萨达姆，迅速在美国国内传播开来，很多大学的心理研究中心将其作为向学生们教授的训练课程。因为在他们看来，罗杰·道森所采取的一针见血的说话方式，是说服对方，让对方在自身语言气场下屈服的关键要素。

虽然一针见血可以有效说服对方，并让对方感受到自身释放出的强大气场，但现实中很多人总不能掌握这种行之有效的说话方法。比如一些人与人说话时，总不能切中主题，说话含含糊糊，不着边际。这样一来，别人就很难理解言语中的意思。其实，只要改变说话方式，与别人谈话过程中不拐弯抹角，而是用一针见血的方式道出别人心里想说的话，这样就可以让别人深深地感受到你独特的语言魅力，从而让表达素养得以大幅度提升。

其实早在1999年，美国哈佛大学的语言分析研究小组就做过这样一个实验：让参与调查的人员含糊其辞和一针见血两种说话方式进行沟通，看哪种交谈方式更能说服别人。交谈结束后，他们从调查者口中得知，一针见血的说话方式比含糊其辞的说话方式更能说服一个人，并让对方信服。在调查者看来，采用一针见血的方式交谈，能很快吸引别人的注意力，别人也会将注意力转移到你的身上，为有效沟通奠定基础。另外，一针见血的说话方式也能让对方很快理解谈话内容，不会因为含糊其辞而产生猜忌。如此一来，沟通效果便愈加明显，从而最终说服别人。

为了进一步说明一针见血说话方式的有效性与重要性，让我们再来看看发生在罗杰·道森身边的另一件事。

罗杰·道森在担任前美国总统克林顿的首席谈判顾问期间，为克林顿的成功连选做出了不可磨灭的贡献。1996年美国进行了总统大选。大选中面对来势汹汹的共和党人罗伯特·多尔，克林顿感到一丝压力。因为他知道罗伯特·多尔素来以刁蛮著称，经常对别人出现的一点错误大肆宣扬，以达到自身的目的。

在竞选演讲中，罗伯特·多尔故意提高了嗓音，对克林顿在环境保护方面出现的失误提出了严厉的批评，认为是克林顿的不作为。罗杰·道森听在耳中，决定对其反驳。他厉声说道："你所提及的问题早就已经得到改善，你怎能抓住这件事不放呢？这明显传递出你的险恶用心！"

罗杰·道森一针见血的反驳让罗伯特·多尔一时语塞。他刚想反驳，可还没等他张口，罗杰·道森又继续说道："如果某些人总是抓住过去的事情不放，只能表明这个人是想阻挡住改革的步伐！他的用心也是极其险恶的！”说完这些话后，罗杰·道森抬起头望着罗伯特·多尔。此时的罗伯特·多尔好像是被霜打过的茄子一样，神情沮丧、面无表情，以致他再也没能说出刁蛮无理的言论。最终克林顿成功连任美国总统。

罗杰·道森之所以能帮助克林顿成功连任总统，非常关键的因素是他用强大的语言震慑住对方，让对方失去反驳的能力。而一针见血的说话方式，正是让强大语言发挥出极致的关键因素。因为罗杰·道森对罗伯特·多尔刁蛮无理的言语实施了一针见血的“轰炸”，这样一来，就能直击罗伯特·多尔的心理软肋，最终让其在强大的语言下屈服。

由此可以总结出，在与人交谈过程中，一针见血的说话方式必不可少，因为它是说服别人、震慑别人最有利的秘密武器。而且这种武器还能在无形中增强自身的气势，让自身变得更加强大。

3

必要时顺水推舟也是取得完胜的良策

FBI能够利用反驳的博弈方式让嫌疑人说出真相，而且能够识破其谎言。其实，FBI常用的还有一种博弈法则，那就是不处处紧逼，在恰当的时候来个顺水推舟，以退为进，这同样也能引出藏在谎言背后的内幕。

虽然反驳在博弈论中是一个重要的方法，但是FBI警察通过多年的办案经历告诉我们，处处反驳对方未必是唯一的取胜之道。有时候顺水推舟更容易揭开对方的骗局、识破对方的谎言。在这一过程中，只要能找到目标，以退为进，往往就可以将谎言背后的大阴谋牵引出来。

FBI前局长路易斯·弗里赫经常对警员们说："要学会灵活处理案子。我们不应一味地去反驳，还应该要学会以退为进，顺水推舟。"一般情况下，FBI警察们往往会为了尽快地揭开谎言和骗局，总是处处反驳嫌疑人，反驳对方的各种说法。而且，为了反驳对方，还不惜一切去寻找有力的证据。但是很多时候不仅浪费了大量时间，也不能顺利地识破对方的谎言。因此，FBI的领导人物才会提出要适当地顺水推舟，以静制动，以此来得到应有的收获，引出对方谎言背后的真相。

FBI的博弈之法并不是简单的对决，而是依靠心理战术和具体且有合理规划的行动结合而成的一种非常有效率的行为。顺水推舟之后引蛇出洞，最后一网打尽，揭露其中的骗局。

处处反驳并不能让对手屈服，还会容易打草惊蛇，让对方有更加强烈的防备。FBI谈判专家，在测试和识破谎言的时候，应该给对方一些时间，顺水推舟，让事情有一定的缓和余地。在这样的情况下，警察们就可以以退为进，做到主攻了。

FBI在审问嫌疑人的时候，尤其是那些测谎专家，往往不会像那些生硬的警察一样一开始就处处紧逼和反驳对方。大多会采取顺水推舟的博弈方法。有时候，欲擒故纵对揭穿谎言有很大的效果和作用。心理学家研究表示，相对于强硬的反驳和适当的迎合，人们都会选择后者，这是心理上的一种反射作用。没有人会拒绝甜美的赞赏，所以，要想学会这种博弈方法就必须学会顺水推舟，以退为进，从心理上读懂对方的真实需求，从而顺利地识破对方的谎言。

顺水推舟的博弈方法，能够让FBI的警察自然而然地顺着对方的话语说下去，当然在这其中要明白自己的重任——识破谎言。所以要想办法让话题转移到对自己有利的方向和目标上。这种方式对识破谎言十分有效。要想取得预期的效果，FBI谈判专家提醒人们应该注意以下几点：

首先要先认清对方的心态，观察清楚对方的心理状况。因为对方的心态直接决定着FBI警察与之谈话的内容和方式。所以，要想顺水推舟地进行博弈，就要把握住对方的心态，这样才能将接下来的事情进行得顺利。

其次，还要因势利导。很多时候，机会是创造的，不能够一味地等待着机会自己降临。FBI警察在与对手谈话的时候会很注重因势利导，尽量克服对方的抵触心理，并且会根据谈话来软化自己的立场。可以说，只有这样，在顺水推舟的时候才能让对方更加信任你。当对方对你产生信任之后，一切就都能够顺利进行下去了。在这样的情况下，FBI会打探到更多的消息，而采取处处反驳的方式往往是不会得到这些消息的。

总之，有时候想要识破对方的谎言，需要的不仅仅是反驳他的观点，而是要顺水推舟，让对方说更多的话。这样，对方的谎言自然也就隐瞒不住了。

4

咆哮审问的要素

咆哮式审讯也是FBI在审讯时惯用的手段。虽然这样的审讯方式看上去有些简单粗暴，但事实证明这种简单粗暴的方式往往是很有效的。

曾在犯罪率极高的新奥尔良市警察局供职的FBI探员布拉德这样说过："狂风骤雨般的审问，对于一部分犯罪嫌疑人是非常有效的。不是说他们害怕这种粗暴的审讯方式，而是通过咆哮，会强化警方的气势，而这种气势会给嫌疑人带来巨大的心理压力。"

至于咆哮的运用，布罗姆教授也总结出了以下一些技巧：

（1）咆哮就要歇斯底里

布罗姆教授指出，如果确立了使用咆哮来审讯囚犯，审讯者就需要加强自己的能量。他表示："做任何事情都不能浅尝辄止，审讯犯罪嫌疑人也同样如此。如果嗓门不够洪亮，表情不够震怒，那么你最好就不要咆哮，因为这对于犯罪嫌疑人是起不到任何作用的。不彻底的狂怒，会使整个场面陷入一种尴尬的境地。一旦犯罪嫌疑人的感情没有被调动起来，那么对他而言，你现在的表现就像是在演戏。"

（2）咆哮，再果断一点

在冲着犯罪嫌疑人咆哮的时候，一定要让自己显得更加果断一些。对于这一点，布罗姆教授做了一个非常有意思的比喻：“NBA的篮球裁判们看上去很公平，明查秋毫，但实际上他们也不能保证自己的每一次判罚都是正确的。他们要做的，就是让自己时时刻刻看上去都无比坚定。”如果篮球裁判在做决定的时候显得犹豫不决，球员们就会怀疑“他真的是这样想的吗”“他其实也不能确定”等。而这样就很容易让彼此陷入互相的猜忌当中。

美国警察在审案的时候也非常重视这一点，他们在咆哮的时候总是显得无比自信，不容置疑，以致每一个犯罪嫌疑人都因此而胆战心惊。经过一次又一次这样的冲击之后，犯罪嫌疑人最终缴械投降，也就在情理之中了。

（3）言之有物的咆哮才能造成持续的压力

在布罗姆教授看来，咆哮不是单纯的怒吼，而且怒吼是没有丝毫意义的。在咆哮的同时举出一些非常重要的物证，这对于犯罪嫌疑人的心理打击是非常有效果的。

5

FBI“以话套话”的审讯方式

FBI工作人员在审讯中，面对的犯罪嫌疑人通常都具有强烈的防御意识，他们不会轻易交代自己的罪行，也不会配合FBI的案件相关提问。如果这个时候对犯罪嫌疑人进行直接追问恐怕会使审讯陷入僵局，得不到有关案件的任何信息。所以在审讯中，FBI工作人员只能通过旁敲侧击、以话套话的迂回方式，使其放松警惕，从而得到更多有利信息。

在生活中，当一个人说错话或者做错事时，旁边的人会不知不觉地想要去指正对方，这是人们广泛存在的心理效应。如果有人想要向对方了解一件事情，而又不好直接去问，就会故意说错话，然后等待对方纠正，这样就能够获得事情的真相。这种技巧就是“以话套话”，也是人们生活中常用的一种心理战术。

FBI在审讯的过程中，就会采用这种故意说错话的方式使对方降低警惕，使其不由自主地讲出真话，暴露自己的罪行。FBI探员卢卡斯曾经审讯过一个强奸杀人连环案的犯罪嫌疑人，然而当时由于没有足够的证据对其进行判决，整个案件陷入了僵局。后来，FBI在审讯中发现，这名犯罪嫌疑人有轻微的顺序强迫症，他无法忍受某些既定的顺序被打乱。于是，FBI探员卢卡斯决定利用这点逼迫犯罪嫌疑人露出马脚。在审讯的时候，卢卡斯拿出所有被犯罪嫌疑人杀害的女性死亡时的照片，并且按照案件发生的时间将照片依次在审讯室的展示板上排好，然后再将其中几张打乱顺序，让犯罪嫌疑人一眼就能发现错误。

在审讯过程中，FBI认真地询问有关案件的各种细节，然而犯罪嫌疑人回答时却心不在焉，眼睛不时地瞥向展示板，显得焦躁不安。卢卡斯观察到这种情况后，指着被打乱顺序的照片说："第三个被害的女人是你用什么凶器杀死的？"其实，FBI只是为了在犯罪嫌疑人面前强调那个错误的"第三"而已。这时，犯罪嫌疑人终于忍受不了，疯狂地站起来说："你们这些废物，她是第六个死的！"接着，他又走向展示板去调整照片的顺序，并继续说："这个女人应该是第一个死的！这个是第五个死的！你们这些白痴！"卢卡斯看到这种情况，笑着说："哦，好像是啊！谢谢你纠正这些错误。但是这些案情并没有向外公布，你是怎么知道这些案件发生的顺序呢？"顿时，犯罪嫌疑人瘫在地上，不得不供出自己的罪行。

这些就是FBI在办案的过程中使用的"以话套话"的方式，来获得案件的真实情况的案例。在日常生活中，这种套话的技巧也非常有用。比如你刚进一家公司，想要知道自己的领导是不是已经结婚了，但又不好直接地问别人。这时，你就可以向你的同事这样询问："听说咱们的经理结婚快两年了，看起来真的很年轻，根本就不像结过婚的人。"这时，你的同事会说："不是啊，他结婚才刚刚半年。""啊，那就是我记错了。”这样一来，你想要知道的答案已经获得了——经理已经结婚，而且已经结婚半年了。

人们在生活中都有纠正别人的错误来显示自己博学多识的欲望，而“以话套话”就是建立在人类这种心理特征的基础之上的。另外，这种“犯错”的套话技巧也能起到活跃气氛的作用。比如开会的时候，领导在发表讲话，下面人都在静听，会议室里一片寂静。讲着讲着，领导开始不断地出现错误，连常识性的东西也讲错。下面胆大的员工耐不住了，然后开始纠正。领导听后，笑着说：“我讲的当然并非都是对的，所以需要你们的意见和建议。好了，现在终于有人开始发言了。”接下来，原本沉闷的会议变得活跃起来，大家纷纷提出自己的建议。

从上述的例子可以看出，有时故意犯错是一种说话的艺术，是一种与他人交流的技巧。人们之间不可能没有交流，而言语就是联系人与人之间的纽带，直接影响着一个人的一生。妙语连珠固然可以吸引他人的注意力，但是把握他人的心理，运用良好的说话技巧更能为自身增添更多魅力。

FBI表示，在日常生活中，要灵活地掌握说话的技巧，巧妙地让对方接受自己的观点，不在心理上有排斥感，才能让事情更顺利地按照自己方向发展。

第四章　言谈举止：

FBI 告诉你言谈举止背后的真实信息

1

说话时手部动作所暗示的心理活动

美国心理学家奥维尔·霍巴特·莫瑞尔认为，一个人在谈话时做出的肢体行为，对于研究一个人的心理活动或当时的心态，是极其关键的。这是因为无论一个人多么自信，一旦他撒了谎或是感觉到自己讲出来的事情缺乏说服力时，他就会运用他的某些肢体行为来增强说服力，提升自己的信心，或是以此来掩盖自己的心虚。

奥维尔·霍巴特·莫瑞尔介绍说，那些说话时总是喜欢背着双手的人，自我防范意识一般都很强，做事往往都很小心谨慎。尤其是在面对FBI特工的审讯时，具有这种性格的犯罪嫌疑人往往都会时刻警惕着，准备着，一旦FBI特工提出了某种超出问询内容范围内的事情，他们立刻就会拿出事先准备好的话来进行回击。FBI特工肖恩·波特认为，虽然这种背着手和人谈话的人总是一副十分谨慎的样子，但过于谨小慎微反而容易让人从他们偶尔做出的某些行为中，不经意地就看出他是不是在说谎。

在FBI特工眼里，说话时总是爱把手指合在一起的人往往有着急躁的性格，而在他们把手指合在一起的同时还会做出双手不时来回搓动的动作。这种人的感性很强，经常会凭借自己的直觉去处理一些事，但同时他们又十分懂得如何将自己的感性认识与抽象的推理结合起来，并遵从客观规律去完成自己的事业。这种理性和感性的结合，让他们很容易在某一领域获得成功。这样的犯罪嫌疑人，往往是很难缠的对手。但对于富有经验的FBI特工来说，这种看起来似乎具有十分完美性格的人，经常也会因为他理性的一面而早早地便说出了真相，因为他们心里很明白，如果不是有了比较明朗化的证据，警方也不会轻易把他们叫来问话的。而无论自己如何矢口否认，最终当警方掌握了足够的证据后，结局对自己而言都是一样的。

美国心理学家加西亚通过他的研究和实验认为，讲话时喜欢将五指分开的人一般心胸都比较开阔，而且性格豪爽，爱打抱不平。但这类人的缺点也十分明显，他们做事马虎，常常会由于自己的爱管闲事而给自身带来许多不必要的麻烦。与此相反的是，喜欢在说话时并拢五指的人，往往性格都比较软弱。如果是男人，绝对是个老实人。由于他们的缺点是为人做事经常过于谨小慎微，所以这种人很容易因外界的过度干扰而患上精神方面的疾病。

还有一种人，在说话的时候总是喜欢将两只手插到自己的口袋里，却独独将自己的两个大拇指露在外面。加西亚认为，这种人做事往往都很自信，为人心高气傲。而说话时总喜欢紧握五指的人则占有欲太强，而且很有心机。无论是做什么事，总是喜欢事先做好充分的准备，时机一到就会立刻付诸行动。在FBI特工的调查工作中，这种人的性格往往也是容易引发他们犯罪的根源。因为这种人有着明显的性格缺陷，他们总是喜欢将痛苦或是快乐凭着自己的喜好施加给他人。所以这让他们常常会成为招惹是非的危险人物。

说话时喜欢握紧拳头的人，表面上看来往往给人一种脆弱的感觉，而且这种人也的确有较软弱的个性。但在FBI特工艾森克看来，这种表面看起来文文弱弱的人，其实内心却十分顽强甚至有些固执。只不过是天性的多疑让他们总是感觉没有安全感，所以常常表现出一副患得患失的样子。当FBI特工面对这种性格的犯罪嫌疑人时，如果不仔细观察，很容易就会被他们的外在形象所迷惑。虽然这种人的心理防范意识都很强，但这种人往往感情非常丰富，并且富有同情心，善解人意。

在素有“橡树之城”之称的北卡罗来纳州的首府罗利市，这座在美国人眼里最适合人居住的城市一隅——北卡罗来纳大学，在2009年发生了一起女学生坠楼事件。

警方很快介入了调查，并了解到了事情的具体经过。据在场的目击者米奇·哈顿叙述，当时他本来是去找凯瑟琳还一本书的，凯瑟琳从房间出来后，他们就站在了三楼的走廊上。两个人讲了大概有五分钟左右的话，米奇·哈顿就转身走了。可是他刚刚走出了大约有三四步，就听到凯瑟琳在身后喊了一句“哈顿”，等米奇·哈顿回转头去看时，凯瑟琳却突然不见了。

紧接着，五楼下面的校园里就传出了有人跳楼的消息。警方通过对事发现场的勘查和走访，竟然发现当时站在走廊上的只有凯瑟琳和米奇·哈顿两个人，而这也就意味着只有米奇·哈顿一个人目睹了凯瑟琳从楼上掉下去的过程。那么，这是不是说明米奇·哈顿就是真正的凶手呢？

警方通过对凯瑟琳的尸体检验，以及对其死因的调查，发现凯瑟琳确实是由于从高空坠落而导致死亡的，而且在其死前并没有受到过什么外界的干扰。难道真的仅仅是一种巧合？办理此案的警长感到事情来得有点突然，加上近期周边地区发生了两起自杀式商场爆炸案，为了慎重起见，他们就将案情上报给了FBI，由安德烈·贝托负责。贝托赶到这所学校后，很快了解到了事发的经过，又根据最早经办此案的警长阐述，他也觉得事情显得有些过于巧合了。于是贝托再次询问了米奇·哈顿，他的供述与之前并没有什么差异，但贝托和那位警长却发现，米奇·哈顿的神情好像十分紧张，不但讲话时声音显得有些急促，甚至是在说话的间隙也总是喜欢偷偷地看看他们。同时，贝托却又清晰地从米奇·哈顿回忆的表情中，看到了一种惋惜和痛苦。究竟是什么原因使这位少年露出了如此真切的神情呢？

在接下来的询问中，贝托又有了一个新的发现，那就是在询问中，米奇·哈顿自始至终都紧紧地将一只手握成了拳头，在之前询问时拍下的录像中，米奇·哈顿都有这种握拳头的情况出现。原来，米奇·哈顿天生就是这种性格，并不是因为紧张害怕才会表现出这种样子的。但从他的神情和表现中可以断定，这个少年一定是向警方隐瞒了什么。那究竟又是什么原因让这个少年将真相隐瞒了起来呢？

既然无法从询问中获得真相，贝托就开始围绕着米奇·哈顿的生活展开了调查。他发现，这个看上去文弱的少年果真极富同情心，经常利用假期去打零工或是到社会上去搞募捐，用以资助那些贫困儿童和孤寡老人。而同时他还发现，死者凯瑟琳也在和米奇·哈顿一起照顾一位敬老院的老人。这就说明凯瑟琳生前跟米奇·哈顿是好朋友。那么，他们之间会不会是因为某种事情而导致了分歧，从而引发了这起谋杀案呢？贝托再次找米奇·哈顿谈话，但他并没有再提凯瑟琳的死，而是围绕他们的募捐资助活动展开了朋友式的聊天。当聊到那位孤寡老人时，米奇·哈顿脸上突然焕发出了神采，而且他一直握紧的拳头也松散开来。但当他兴致勃勃地谈到这个月底就是老人的生日时，突然间脸上出现了一副极痛苦的表情。他喃喃地说："可惜凯瑟琳不在了"，然后他深深埋下了头。等他再抬起头来的时候又握紧了一只拳头，而且他带着忏悔的语气终于说出了事情的经过：在当时他转身走出三四步的那几秒钟之前，米奇·哈顿和凯瑟琳刚刚发生了争吵，两个人在争谁为老人买生日蛋糕的事情。凯瑟琳硬要将钱塞给他，他把钱粗暴地甩给了凯瑟琳，便扭头走了。然而正是在这几秒钟里，凯瑟琳身子一滑，加上突然而起的一股风，凯瑟琳就从护栏处飞了出去。而正是在这时候，米奇·哈顿听到了凯瑟琳最后的那一句叫声。

FBI特工安德烈·贝托运用他细致的观察，及时探知到了米奇·哈顿的性格，并根据对方性格上富有同情心这一特点，从生活的角度入手，让一场原本除了米奇·哈顿之外再无人知晓的坠楼事件，最终还原出了真相。

2

从抱怨声中分析对方所关注的事情

现实中，每个人或多或少都会有抱怨。有的人抱怨工作中没能取得成绩，有的人抱怨生活中总遇到烦心事，还有的人抱怨社会财富分配不公……在FBI看来，不同的抱怨声背后，有不同的心理特征。抱怨工作没能取得成绩的人大多是上进心强的人，在他们的内心深处总是渴望成功；抱怨生活中总遇到烦心事的人大多是不善于排解压力的人，他们关注的更多是如何得到别人的帮助；而那些抱怨社会财富分配不公的人大多是一些愤世嫉俗的人，他们期望的是得到更多公平的机会。

FBI特工每天都会接收到各式各样的情报，有犯罪嫌疑人潜入机场实施犯罪活动的情报；有恐怖分子劫持人质的情报；有贩毒团伙出逃境外的情报；有因为失业率过高引发的暴力示威情报等。面对如此繁多的情报，FBI特工总能从容对待，在快速察觉到对方心理特征的同时，还能快速地采取应对措施。而有这样一件发生在美国波士顿金融区的案例，就足以说明FBI具有快速察觉对方心理特征的能力。

20世纪80年代，随着美国国内失业率的不断攀升，美国各主要城市相继出现了示威游行活动。波士顿金融区也未能摆脱示威的浪潮。所幸的是，在示威游行中并没有出现人员伤亡的情况。之所以未出现人员伤亡的情况，与FBI能够快速察觉游行人群的心理特征，并及时对其心理进行疏导有关。

这一天，波士顿金融区聚集了数百名手持标语和横幅的示威人群。示威人群缓慢地走在大街上，并齐声喊着口号，要求政府帮助他们解决就业问题。中午时分，示威游行的人越来越多。而此时驻守在金融区附近的FBI特工意识到，如果示威人数越来越多，难免会引发骚乱。于是FBI特工便伪装成示威者，混入了游行队伍。

其实，FBI特工混入游行队伍，就是想听听示威人群的心里想法，以便帮助他们解决问题。当他来到一名高喊“我要工作！”口号的中年男子面前时，中年男子随即大声抱怨起来：“我本来是个银行家，可上周却接到了被辞退的消息，这让我不能接受，因为我每个月还要支付5000美元的银行账单。如果政府不能为我提供就业，我就不会善罢甘休！”显然，FBI特工从这个人的抱怨声中，得知他是个为失业而苦恼的人。

为了弄清楚其他游行人心里在想什么，FBI特工又继续寻找抱怨声。当他来到一位年轻女士身边时，听到这名女士抱怨道：“本以为从哈佛大学毕业后能找到一份适合我的工作，可找了半年，工作不仅没有着落，我还过起了借钱的日子。我希望政府能帮助我们这样的高才生解决就业问题。”又听完她的抱怨之后，FBI特工基本了解到了示威人群的心理特征，即想要政府帮助他们解决就业的问题。

随后，FBI特工钻进一辆停放在金融区中心的宣传车，对着示威人群高声喊道："各位朋友，你们的抱怨我们能理解，政府应该为你们解决就业问题。但你们想通过示威游行的方式解决问题是不可能的，希望你们停止游行，相信政府会做出让你们满意的答复。"

在场的游行人员听到宣传车里的话后，此前愤怒的情绪开始有所缓解，抱怨声也随之减少许多。因为他们对政府还是充满信心的，游行示威只不过是一种抱怨的方式而已。有人拿着横幅开始撤离金融区，不到半个小时，金融区的游行人群便得到了有效疏散。就这样，FBI特工使一场游行示威以和平的方式结束。

事后，参与此事件的FBI特工感叹道："能快速察觉对方心理并及时做出解决方案是极其重要的一件事情！"的确如FBI特工所说，善于倾听人们的抱怨声，并从抱怨声中察觉到对方的心理特征，具有非常重要的意义。

那么，FBI特工是通过怎样的方式从抱怨声中快速洞察出这些人的心理特征的呢？

第一，FBI特工能够耐心地倾听别人的抱怨。在他们看来，洞察对方心理要善于倾听对方的抱怨，而在倾听过程中要做到耐心，这样才能更真切更全面地听清抱怨声，而这样就为洞察对方心理做好了必要的铺垫。现实中的FBI特工总是能做到耐心倾听对方的抱怨，因为他们将其视为接近对方、洞察对方心理的首要因素。

第二，FBI特工能够站在对方的立场倾听抱怨。很多时候，快速知道别人心里想什么，关键就是懂得站在对方的立场上倾听其抱怨。在FBI特工看来，站在对方的立场倾听其抱怨，总能拉进自己与对方的关系，还能及时了解这个人的内心世界。

“想要快速知道一个人内心的真实想法，必须要懂得聆听他们的抱怨声，这无论是对于日常训练还是实战都具有非常重要的意义。”每当FBI特工听完这句前任局长艾伦·杜勒斯说的话后，都会为之一振。他们也坚信，从对方抱怨声这样的细节中，能真切地洞察出他人的心理特征。

3

多留意暗语，也会有意想不到的收获

暗语虽然是人们交流中的一种方式，但FBI却能从暗语中得知其背后暗藏的秘密。比如在一次与犯罪嫌疑人交锋的案例中，FBI就是通过暗语读懂犯罪嫌疑人的心理特征，从而有效制止了犯罪活动的发生。

20世纪90年代末期，美国纽约金融街的一家银行的运钞车险些被劫匪劫持，幸好被FBI特工及时发现才避免了财物的损失。这一天早上九点，运钞车像往常一样停靠在银行门口，由押运人员将车里放有钞票的保险箱提到银行里。让人没想到的是，银行对面的一家饮料店里有两名身穿黑色风衣、头戴黑色礼帽的人，在目不转睛地盯着运钞车中的保险箱。恰巧，此时FBI资深特工威廉·姆斯也在饮料店里喝果汁，而且就坐在两名行踪诡异的人的后面。威廉·姆斯点了一杯果汁，便假装翻看起书架上的杂志，暗暗观察了几分钟后，他发现自己前面那两名行踪诡异的人依旧注视着对面的运钞车。看到这种情况，威廉·姆斯假装没有在意，继续喝着杯中的果汁。五分钟过去了，他突然发现前面的两个人将头靠得很近，而且有细小的交谈声传来。虽然威廉·姆斯没听清他们谈话的内容，但他隐约感觉到了事情的不妙。于是，威廉·姆斯随即提高了警惕，继续观察着他们的一举一动。过了一会儿，其中一名行踪诡异的人站起身，漫不经心地在饮料店里走了一圈，好像在查看饮料店的情况，经验丰富的威廉·姆斯意识到他这是在观察现场环境。那个人回到座位上后，又和同伴说起了暗语，并用手指向了对面的运钞车。威廉·姆斯从两名行踪诡异的人所说的暗语中推断出，他们很可能要抢劫运钞车。

随后，两名行踪诡异的人不再说话，大口喝着杯中的果汁，之后，他们再一次说起了暗语。但是，这次说完暗语之后，他们将手伸进了肩上斜挎的布包中。威廉·姆斯立即警觉起来，也不由地将手放在了腰间的手枪上。一分钟后，两名行踪诡异的人忽然站起身，向运钞车跑去，威廉·姆斯也迅速尾随他们跑出饮料店。正当行踪诡异的人持枪来到运钞车前准备实施抢劫时，威廉·姆斯的一声大吼吓得他们慌了神儿："举起手来，蹲到墙角处！"无奈之下，两名行踪诡异的人只得乖乖地蹲在地上束手就擒。就这样，威廉·姆斯成功制止了一起抢劫案的发生。

从这个案例中不难看出，威廉·姆斯之所以能成功制止这起抢劫案的发生，是因为他从行踪诡异的人传说的暗语中发现了秘密并及时采取了行动，从而避免了抢劫事件的发生。FBI总部得知威廉·姆斯在此次案例中的表现后，不仅对他提出了表彰，还号召其他特工也能像威廉·姆斯一样，掌握从暗语中读懂对方心理特征的技巧。在表彰会上，威廉·姆斯向台下的FBI特工传授了以下从暗语中读懂对方心理的技巧：

（1）细心观察是直击对手心理特征的首要因素

在威廉·姆斯看来，要从对手的暗语中读懂他们的心理特征，首先要做到细心观察，比如细心观察对方的言语特征等。通过观察，就可以初步判断对方心里的想法。本案中，威廉·姆斯就是通过细心观察的方式观察到犯罪分子总是低声细语地说暗语的。在威廉·姆斯看来，他们这是明显地隐藏内心的秘密。

（2）分析暗语所处的环境

在威廉·姆斯看来，并不是所有的暗语都存在问题。比如情人之间在温馨浪漫的环境中所说的暗语，可能代表的只是两个人的呢喃；子女和父母在家庭里的暗语，是亲情的一种表露。而本案中，两名行踪诡异的人在饮料店盯着对面的运钞而说出的暗语就值得怀疑。因为在这样的环境下，他们内心的意图会充分暴露出来——抢劫运钞车。经验丰富的威廉·姆斯看到两名行踪诡异的人总是说暗语，并将目光停留在运钞车上时，就判定两名行踪诡异的人心里有作案的想法。于是，在这种情况下，为了避免犯罪的发生，威廉·姆斯就提前做好了心理准备。

（3）从暗语的使用频率中洞察出对手的心理特征

在威廉·姆斯看来，一般情况下，一个人将自己内心真实的想法，通过不公开的方式告诉给别人，所采取的方法就是说暗语。这本身毋庸置疑，但如果暗语使用的频率过高，问题可能就不是那么简单了。FBI心理研究中心的负责人约翰·波特尔曾这样表示过：“一个人说暗语，大多是因为他要将不便于公开的信息告诉别人。可当这个人向别人说的暗语过多时，就会让人感觉到他们心里有很多秘密，甚至是不可告人的秘密。在这种情况下，就可以通过他们使用暗语的频率得知他们的心理特征。”

4

FBI强大的沟通管理术

FBI身为美国最让人信任的警察以及特工组织，在美国社会上拥有着非常高的地位，而其成员们都为自己身在FBI而感到骄傲和光荣。美国著名的心理学家朱利安·泰普林曾经做过一项调查研究，在美国，有60%~70%的青年都想成为一名FBI警察。这个结果表明，FBI拥有着巨大的魅力。可以说，FBI的魅力首先体现在管理上，而说到管理，不能不说的就是关于FBI那强大的沟通管理术。由于沟通是解决任何问题的开端，也是促成任何事情的一个必要过程，因此，FBI把沟通管理这一项看得十分重要。

众所周知，FBI经常会与各种形色各异、身份不同的人打交道，那么在与这些人打交道的时候，FBI自身就需要极强的沟通能力。一个人在沟通上如果表现得十分低弱，那么在与陌生人沟通的时候就容易发生冲突或者是发生一些不必要的问题。而FBI就不会——FBI的每个成员都拥有能说会道的沟通术。尤其是在打开沟通之门的时候，他们能把沟通术运用得十分巧妙，这主要是因为FBI在接受管理训练的时候特别注重打开沟通之门这项训练。其实，这个方法很简单，也很实用，那就是用对方感兴趣的话题来打开沟通之门。

FBI特别管理训练小组组长乔治·霍尔特在管理自己手下人的时候，曾说过这样一句话："要想让对方说得更多，就必须先要用他感兴趣的话来打开你们之间的谈话之门。"这句话无疑表明了FBI那种强有力的沟通术的来源，正是因为FBI抓住了对方的兴趣点，沟通才得以顺利进行下去。

FBI在对员工进行沟通方面的训练和管理的时候，主要是根据以下几个方面来实现的：

第一，想要找到对方感兴趣的话题，必须先要学会察言观色。"欲寻鱼，先寻水"，要想找到令对方感兴趣的话题，首先要做的就是细心观察。通过观察对方的举动和表现，甚至是心理活动，看出对方感兴趣的话题是什么。

FBI曾经遇到过很多复杂的难题。有一次，调查员本·休斯·汉弗莱接到上级的命令，去宾夕法尼亚州的一个小镇上，请一位早年退休的老牌侦探豪斯出山，帮助破解一宗十分复杂的案子。汉弗莱本以为这是一件轻松的差事，只要找到了人，说完了事情就可以了。可是，他没想到这位与他平生素未谋面的老侦探却是那么不好对付。当汉弗莱来到住在湖边的豪斯面前，告诉他自己前来的目的并交给他上级带来的书信后，豪斯根本没有看那封信，而是把它放在桌子上，然后走到院子里浇花去了。这让汉弗莱倍受打击。

汉弗莱是一位不到30岁的青年，虽然他脾气暴躁，但是在这位老牌侦探面前，他还是强忍住了心中的怒火。接下来一连三天，豪斯都只是与他说几句寒暄的话，从不多说什么，看上去他们都是各忙各的。汉弗莱整天在豪斯的客厅里看一些无聊的报纸杂志，后来他发现豪斯的客厅里面摆的最多的就是一条漂亮的萨摩犬的照片，其中有豪斯年轻时与萨摩犬在一起的照片。汉弗莱看到豪斯脸上的笑容是那么开心，心中似乎明白了一些事情，于是他马上给华盛顿FBI总部打去了电话。

第二天，汉弗莱就牵着一条跟照片上的萨摩几乎一模一样的萨摩犬，出现在了豪斯的院子里。看到萨摩犬，豪斯眼睛中立刻溢出了晶莹的泪水，随后便与汉弗莱相谈甚欢，并答应了汉弗莱的要求，再帮FBI破一次案。

通过这件事情，我们可以看出，只要细心观察，总能够发现对方感兴趣的话题；只要话题找对了，沟通就会变得非常容易。FBI正是因为重视这种沟通管理，强调用观察来促进沟通的实现，这才找到了对方感兴趣的话题，从而打开他们之间的沟通之门。

第二，通过别人来了解对方感兴趣的话题。这也是FBI沟通术的一种体现，要想发现对方感兴趣的话题，有时候需要借助别人的线索来了解。FBI比较重视每一个警察的沟通技能，而在沟通管理中也是需要多方面的训练的，通过别人来旁敲侧击或者正面询问，都能够得出对方的很多信息。然后通过这些信息再去与对方相互了解，就能使沟通变得容易。FBI在与犯罪嫌疑人沟通的时候往往都是通过这个方法来进行的，尤其是在审讯嫌疑人的时候。FBI的学员劳森告诉人们，在FBI有一项十分有意义的管理课程，就是学会与嫌疑人打交道，而其中有一课是每个人要负责一个嫌疑人，全程进行审问，到最终得出真相。这个过程是每个FBI的新成员所必须接受的管理和训练，主要就是训练这些学员们的沟通能力。一般在这个过程中，学员们都会按照老师们的意见去询问每一个跟犯罪嫌疑人有关系的人，从他们那里得到一些线索或者是嫌疑人弱点（这是非常重要的前提）。一旦找到了关于犯罪嫌疑人最感兴趣的那个话题，就可以用这个话题轻松打开与其的沟通之门，而真相很快就能摆在眼前了。

第三，从看似无意的对话中找到对方感兴趣的话题，打开沟通之门。FBI管理课程中在沟通方面的细节其实不少，有时候要想与对方实现进一步良好的沟通，前戏必须得做足。FBI的探员通常在与陌生人对话的时候，会进行一些表面上的寒暄，其实这些寒暄并非无意或者是正常的寒暄，而是FBI探员有意的放话或者是试探，借此企图从对方的口中得到有用的线索和话题，好为日后的谈话和沟通做准备。

FBI探长巴比特·伍德手下的员工有四名外勤探员，经常跟随他一起出去办案。由于巴比特是一名老牌探长，经验非常丰富，有很多年轻的探员都想跟着他。而值得一提的是，巴比特这个人十分幽默却又不失严肃，尤其是在与别人进行沟通的时候，他的高明更是令其手下佩服不已。有一次，巴比特要去拜访一个州长，但是要见州长并不是一件容易的事情，得先要过了州长办公室的秘书这一关。州长的秘书叫马尔兹·里德，是一个不好惹的家伙。但是在巴比特看来，他并不算十分强劲的对手。

巴比特见到马尔兹的时候并没有直接提出要见州长，而是上前给了马尔兹一个拥抱，并且说："马尔兹先生您好，早听说您在国家政务厅工作，原来在这里，恭喜恭喜啊。"马尔兹有些搞不明白，心想自己也没见过这个人，这个人怎么会知道自己的名字呢？但是出于礼貌，他也回了一个拥抱，并说："谢谢您，好久不见。"紧接着，巴比特递上了自己的FBI证件，马尔兹一看是警察，于是说："原来是FBI探员光临了，欢迎来到州政府。"

巴比特用眼睛迅速地扫视了马尔兹桌子上的摆设和布局，他发现马尔兹文件底下有几张财经报纸，并且上面还用红笔圈圈点点了很多标志，顿时明白这个秘书喜欢炒股。于是，巴比特并没有提出要见州长，而是对马尔兹小声地说："最近MB的股票涨幅不错，我最近一直在研究，我有个朋友最近买股票赚了一大笔呢。他现在都成财经专家了，我的经验全是从他那里得来的。"马尔兹听到股票的事情之后眼睛顿时发亮，与巴比特聊得也十分起劲，而看着彼此沟通得越来越好，这时，巴比特才对马尔兹说："我现在有点事情要见州长，10分钟，明天我再来找您，我带我那朋友来见您如何？"马尔兹欣然答应，并说："探长，您这边请……"就这样，探长巴比特成功地见到了州长。

经过FBI无数次的实践证明，以上这三点是FBI有效沟通的重要因素，而要想打开与对方的沟通之门，就必须先要了解到对方感兴趣的话题。因为只有掌握了对方的兴趣爱好，才能够和对方进行更好的沟通。而这样就能够了解清楚对方的心理特点，从而从对方的话语中找出你想要的信息。

第五章　善用幽默：

FBI告诉你幽默如何发挥润滑作用

1

运用幽默语言为自己提升魅力

FBI探员不仅明察秋毫，反应灵敏，在与犯罪嫌疑人斗智斗勇中，往往还会显示出非常幽默的一面。在他们看来，运用幽默的语言可以迅速消除沟通中的心理屏障，继而把握主动权，在沟通中捕获到需要的信息。

语言的作用不容小觑，它既可以体现出一个人的素养，又可以折射出一个人的人格魅力。美国语言学大师乔姆斯基曾经说过："语言是人类文明必不可少的沟通能力，同时也是增进人际交往不可或缺的因素，而幽默的语言更是提升人际交往以及自身素养的润滑剂。"

早在2006年，美国哈佛大学心理研究中心就针对2300名管理者进行了调查。调查表明：有超过70%的人会以幽默的方式打破会议中出现的意见分歧；55%的人认为幽默的言语有利于开展工作并建立起良好的关系；56%的人认为企业管理者或许可以考虑为企业聘请一名幽默专员，来为企业中的员工释放压力；40%的人认为员工之间每天应该开怀大笑。从国际上知名的跨国公司的管理来看，上至公司负责人下到普通员工，都已经将幽默文化融入公司日常管理中，并将其作为一种提高人际交往以及自身素养的管理策略。

从心理学的角度进行分析，人们大多喜欢与言语幽默的人相处。因为言语幽默不仅能让人们感受到轻松与自然，更重要的是人们能被说话者的人格魅力所打动，如此一来，就更能与说话者打成一片。

现实中很多人都有这样的经历：与一个不苟言笑的人交往时，人们的心理会感受到一丝压抑。比如在与上司谈话过程中，上司强势的语气总会令自己十分压抑。在这种情况下，即使有向上司提建议的想法也会有所保留。相反，如果上司能用幽默的言语与下属进行沟通，这样就能最大限度地打动下属，让下属感受到他的亲和力，这样一来下属便会更愿意将自己的建议告诉给他们。可见，运用幽默的言语进行沟通是让别人信服并被折服的关键因素。有这样一件发生在美国总统威尔逊身边的案例。

有一次，威尔逊参加完一次会议后，与一名政府议员边走边交谈。当他们走到走廊时，一群早已等候多时，准备采访总统的记者们便簇拥至他们身边，但这名议员并没有意识到自己需要离场。于是，威尔逊的助理走上前去提醒这名议员退后，以便让总统接受采访。此时这位议员才意识到自己失礼了，正在他手足无措时，只见威尔逊面带微笑地说道：“哦，我可能忘记和你们介绍了，我身边的这名议员可能想见见你们，你们难道不欢迎吗？”就这样一句简单而幽默的话，不仅打破了现场的尴尬气氛，还为这名议员解了围。事后，这名议员对威尔逊称赞不已，更被他的人格魅力所折服。在此后的工作中，他努力帮助威尔逊分担并解决一个又一个问题，最终成为威尔逊最信任的朋友。试想如果威尔逊没有用幽默的言语帮助政府议员解围，那么他还可能让政府议员信服，进而得到他的帮助吗？很明显，幽默的言语是提升自身人格魅力和交际好坏不可或缺的因素。

那么，应该如何让自己成为具有幽默感的人呢？以下提供了几种增强幽默感的策略方法：

首先，要通过博览群书增加自己的知识面。读书使人明智，无论多么博学多才的幽默家也要通过不断地读书来拓宽自己的知识面。只有当知识积累到一定程度后，在不同场合与不同人群接触时才会从容自如、胸有成竹。这样一来，人们自然而然就懂得用幽默的言语去打动别人，让别人感受到自己独特的个人魅力。

美国总统罗斯福曾经说过：“幽默的言语并不是天生的，而是通过后天的培养得来的，培养幽默最有效的方式就是要博览群书，这样才能做到出口成章，以这种独特的气质吸引别人。”的确如他所说的那样，如果一个人不懂得用知识武装自己的头脑，只会让头脑变得像一个空壳一样，缺少提升幽默感的氧气。如此一来，还谈何用幽默的气质吸引别人呢？

其次，培养高尚的情趣和乐观的信念。美国临床心理专家保尔·富尔顿曾经说过：“乐观的心态和高尚的情绪，对于幽默来说具有非常重要的意义，因为这些都是产生幽默的原动力。缺少这样的情怀将很难维持幽默的气氛。”实际上，幽默确实属于那些心胸宽广、对生活充满无限热情之人，因为这些都是幽默得以生存的沃土。

美国心理研究中心的心理学家们曾对缺少幽默感的人进行了长达十

年的观察。观察发现，这些人给人的感觉总是很难接近，因为他们不仅缺少积极乐观的心态，还总是对别人的所作所为持怀疑态度。试想，有这样心态的人还怎能用幽默的言语与人沟通交往，还怎能让别人感受到他们身上闪耀出的幽默气质呢？因此，养成积极乐观的心态以及高尚的道德情操，是提升个人魅力的关键因素。

最后，要针对不同性格的人实施不同的幽默。人的性格各有不同，如果与不同人群沟通时都选择同一种幽默方式，很容易造成不必要的误会。比如把性格开朗的人所用到的幽默运用在性格内向的人身上，会让人感觉到说话者十分轻浮，甚至会给人留下非常不好的印象。因此，针对不同性格的人要实施不同的幽默，只有这样才能恰到好处地让幽默发挥最佳的效果。

FBI心理专家詹姆斯·亚当森说，针对不同的人以及场合，恰当地运用幽默的表达方式，对于提升一个人的魅力有着非常大的帮助。FBI在办案中经常会与形形色色的人打交道，而幽默无疑可以更利于赢得他人的好感。

2

怎样用幽默化解尴尬

FBI心理专家认为，善于运用幽默的人，可以在不知不觉中让他人的思路发生转向，并往往能使之按照自己事先预设的结果走下去。

人际沟通是人们每天都要面对的事情，如果所有的沟通，都在沉闷中开始，在严肃中结束，那么，人与人之间的沟通就少了很多乐趣。中欧国际工商学院陈威如博士一直提倡在沟通中加入幽默元素。他认为，如果在沟通中加些幽默，那么，整个沟通过程便会变得轻松愉悦，一些误会和尴尬也可以在笑声中悄无声息地解除。

法国作家伏尔泰就非常善于运用幽默来解决问题。幽默不只让他多次妥善解决问题，还多次使他化险为夷，最惊险的一次，他居然用幽默拯救了自己的性命。

事情发生在1727年，时值英法战争期间，战争使得两国人民都有些敏感。而伏尔泰，却仍然若无其事地在英国旅行。这天，伏尔泰走在路上，突然被一群英国人围了起来，随后，来了一队英国士兵，将伏尔泰抓了起来。

“把他处死！他是法国探子，快点把他吊死！”围观的英国人义愤填膺。

当士兵要将伏尔泰抓起来送往绞刑台的消息传出后，伏尔泰的英国朋友纷纷从各地赶来，帮伏尔泰求情，并再三申辩，伏尔泰只是一个普通的法国人，不是探子。绞刑台旁边，伏尔泰的朋友们紧张又急切地高喊着：“你们不能处死他，他只是一个学者，从来不参与任何政治活动！”也有人高喊：“不行，谁让他是法国人呢，法国人就该被处死！吊死他！”被战争迫害的人们失去了理智，他们只想以杀戮来宣泄对战争的痛恨。

就在双方争执不休的时候，伏尔泰突然高举起自己的双手，以诚恳的语气说道：“大家能不能听我这个将死之人说上两句心里话？”看到伏尔泰的举动，躁动的人群渐渐安静下来。他们好奇，这个法国人会在临死之前说些什么。

等到周围彻底安静下来之后，伏尔泰首先深深地面向群众鞠了个躬，然后，他扫视了一眼四周，清了清嗓子，朗声说道：“各位英国朋友们！因为我来自法国，所以大家想要惩罚我。可是，各位聪明的朋友，请仔细想想，其实我一直就在接受惩罚啊。”台下的人们面面相觑，就连伏尔泰的朋友们，也搞不清他到底在说什么。

寂静之中，伏尔泰继续说道：“各位，我生下来就是法国人，而不是高贵的英国人。难道，这样的惩罚对我来说，还不严重吗？”听了伏尔泰的幽默解释，那些愤怒的英国人都哈哈大笑起来。而他的朋友，也总算松了一口气。幽默，让伏尔泰免除了被绞死的危机，在他被当场释放的时候，很多英国人也因此记住了这个睿智而幽默的学者名字。

伏尔泰的幽默，是一种自嘲，利用高超的自嘲技巧，他不只从容化解了英国人对他的敌意，也使当时紧张的空气得到了缓解。若不是有这样的幽默感，恐怕这位大作家，就要殒命于群情激奋的英国人手中了。

美国前总统里根是一位伟大的政治家，也是一位非常懂得用幽默与人沟通的人。作为政界人士，他难免会遇到对他不服气的人，或者是当面侮辱他的人。但凭借着自己的幽默沟通才华，他总能巧妙地化解这种尴尬，维护自己的尊严。

第一次到加拿大访问期间，里根在几个地方发表了演说。有一天，他正在演说时，周围突然出现了很多反美示威的人，他们不断地高喊着要反对美国。受到示威人士的影响，里根总统的演说被迫中断了好几次。

当时，负责接待里根总统的是加拿大总理皮埃尔·特鲁多。看到这么多加拿大人堂而皇之地在美国总统面前喊着反对美国的口号，他感到有些难为情。毕竟，里根总统是客人，这样对他实在是有失敬意。而且，毕竟事关美国和加拿大，如果里根总统过于狭隘，很可能会因此事大做文章。皮埃尔·特鲁多试图阻止这些游行示威的人，然而收效甚微。他难为情地看着里根总统，并露出无奈与歉意的微笑。

其实，最该难堪的应该是里根总统。不过，看看里根总统的表情，就知道他根本没有将这件事情放在心上。他一脸轻松地看了看皮埃尔·特鲁多，宽容地笑了笑，说："没关系，这种事情在美国也非常常见。我猜测，这些人可能是特意从美国赶往这里的，他们可能是担心我在加拿大不习惯，所以要为我营造一种宾至如归的感觉。"里根身边的人听到后，都忍不住笑了起来。而双眉紧皱着的皮埃尔·特鲁多，心中的那块巨石也终于落了地。

设想，如果里根总统不是用幽默来缓解尴尬的局面，而是非常严肃地指出这些人对自己的恶劣态度，或者郑重警告皮埃尔·特鲁多要严加处理这些反对美国的人，那么，只会暴露他的心胸狭隘。而运用幽默，里根总统不只展示了自己宽大的胸怀，也将自己的睿智以及为他人着想的优点展现得淋漓尽致。听到他这番表述的人，当然会为他的幽默以及聪明而深深折服。

FBI心理分析专家指出，善于运用幽默的人，因为能够有效的与人进行沟通交流，所以，这样的人很少会成为性格偏执者，也很少会做出过激行为。幽默是一种艺术，它能够调节沟通双方的情绪，润滑双方的人际关系，也能够有效调节沟通双方之间的误会或者尴尬。善于使用幽默的人，可以更好地传达自己的想法，使自己枯燥的语言变得生动。

3

人在潜意识里更愿意帮助有幽默感的人

FBI心理分析师指出，如果一个人不懂得运用幽默，在一些特殊情况下，就很容易使自己陷入一种沉重的心理状态。而且，这种人也无法让自己身处的氛围变得更加轻松活跃，所以人际关系相较于善于运用幽默的人要差一些。

通常来讲，幽默风趣的人就能够很容易得到别人的帮助。因为每个人的心中都存在着一种风趣幽默的心理因素，比起那些忧愁悲伤的感觉，人们更容易接受的是幽默风趣。就像人们看电视一样，看到悲剧的时候难免会触动感情，伤心不已，此时心情就会变得非常沉重；而看到轻松幽默的喜剧时，人的心中就会产生十分轻松诙谐的感觉，心情自然也就很开朗。其实，现实中人的心理状况也是这样的，一个充满了幽默和风趣的人是非常招人喜欢的，而且当他们遇到困难的时候，别人也乐意给予帮助。

幽默能够使得周围的环境气氛变得活跃和轻松，一个幽默风趣的人也能够得到很好的人缘，从而赢得很好的人脉关系。尤其是在职场上，办公室里面的幽默便是一种非常生动而又绝好的语言表达方式。

工作中有很多让人烦心的事情，这时候如果有人用幽默的方式来调节，事情就会淡化，烦恼也会减少。而且有时候在同事之间也可以用幽默的方式来调节一下氛围，毕竟人们在心理上都向往轻松诙谐的心情，而幽默正巧就是实现这种心情的最好的方式。因此，善于用幽默方式来与人相处的人一定会有很好的人缘。一位刚结婚的女同事回到公司上班，大家都来恭喜她，这时候一位男同事风趣地说："珊迪，你真是舍近求远，公司里有我这样优秀的男士，你竟然一直没发现。"这时候大家都开心地哈哈大笑，而这位女同事更是笑得开心。不但没有嫌这位男同事轻浮，反而很感激他的友情和对她的欣赏。而这位男同事凭借自己的幽默和风趣，在公司里面赢得了很不错的人缘，自然他就能够赢得强大的人脉。

另外，一个幽默风趣的人大都还具有亲切的态度、温和的语气，因而这样的人会让人感到轻松和自然。而他的幽默，不但使自己快乐，也使别人感受到了轻松和愉快。可以说，这样的人没有人能够抗拒得了，而这样的人就算有了困难，也很少有人能够拒绝帮他。

可见，一个幽默风趣的人必定会有很好的人脉关系。这足以说明幽默风趣是人们结交朋友的一张通行证，也是与人相处的一种润滑剂。

人们心理的需求都是希望自己内心可以得到一些轻松和愉快，并非希望整天忧心忡忡。如果同样是两个需要帮助的人，人们也首先会去帮助那个带有幽默风趣感的人，因为这样的人让人心中明快，心情开朗。人们的潜意识里面认为他值得帮助的概念，所以这时候幽默风趣的价值就显示出来了，即一个幽默诙谐的人更容易获得别人的帮助。

无论在生活还是工作中，没有人会从心理上排斥幽默。如果一个人平常具有幽默风趣的作风，那么在现实中就会很受人们的欣赏，而人们也乐于与之相处，即使是在有困难的时候，也最容易受到别人的帮助。

比如在工作中，上司与下属除了上下级这种关系以外，还有就是两者之间友谊的存在。所以，在恰当的时间和场合可以与上司开一个幽默的玩笑，或者是平常用恰当的幽默方式与之相处，这样时间一长，上司与下属之间的距离就拉近了，而双方之间的关系也不再紧绷，工作也会更加的和谐。至此，下属与上司之间的感情也就建立起来了，这时候如果下属有困难，上司就不可能会坐视不理，因为下属已经用幽默的方式来成功满足了上司心里对幽默感的需求。

伟大的戏剧表演艺术家查理·卓别林曾说："真诚地去笑吧，你将能够去除痛苦，并与痛苦嬉戏。"这足以说明一个具备幽默的人是多么能让人轻松和快乐。

纽约长老会医院的一位著名的医生（博士）曾经说过："当你每次推动引擎、换挡的时候，需要你用最大的力气。而此时的生理反应就是不规则的心跳，高血压，痛觉敏感度提升。而当人们使用幽默时，自主神经系统就像从高把位上缓缓下来，让心脏得以放松。"

由美国加州大学的几个著名心理学家组成的心理小组，也曾经做过高达14次的实验，最终得到这样的结果：人们在幽默的状态下能够减轻心理上的压力和精神上的恐惧。总之，不管从生理上还是从心理上，科学家们都一致认为幽默风趣是最好的减压和治疗心理上的一些恐惧的最好方式。所以，在人脉关系中，幽默能够起到让人心中感到舒适、让氛围变得轻松的作用。

幽默的力量是巨大的。在生活中，幽默是促使人们获得好心情和舒适感觉的润滑剂，而且幽默风趣能够让平淡的生活充满情趣，让死气沉沉的氛围变得活跃。当然，一个处处散发出幽默感的人也是令人们欣赏和喜欢的，同时这样的人还会拥有强大的人脉资源，尤其是在遇到困难，请求别人帮助的时候，幽默的请求要比忧愁的央求有作用。而且平常幽默风趣的性格已经深深地印在了人们心里，以致人们往往不能拒绝他们的求助。

FBI探员认为，懂得运用幽默方式表达自己意愿的人，大多能实现目的。因为幽默风趣的表达能够让他人的心情处于愉悦轻松的状态，所以更容易接受他的请求。

4

幽默开场白帮助你留住他人的脚步

在与犯罪嫌疑人打交道的过程中，有些时候，FBI探员也会使用幽默的方式作为开场白，以缓解对方的敌对心理。在交流中，以恰当的幽默开场可以收到非常好的效果。这不只在社会交往中起作用，在工作中，尤其在销售工作中更会带来好的效果。

英国的著名营销大师维斯布鲁克，在16岁时，因为家境贫寒成了伦敦街头的一个小销售人员。在他刚刚开始做推销的时候，销售业绩就非常好，比一般老销售人员的业绩都要好很多。因而很多人都觉得很奇怪，一个年仅十六岁的孩子怎么就会有这么好的销售业绩呢?

一个老销售人员按捺不住心中的好奇，便决定看看维斯布鲁克是怎么向客户推销产品的。他看见维斯布鲁克站在一家高级咖啡厅的门口，手里拿着保险单子，漫无目的地巡视着周围。

这时，一个胖胖的中年人从咖啡厅里走了出来。维斯布鲁克立刻跑上前去，挡住那个中年人的去路，并向那个中年男人问道：“尊敬的先生，假如这会儿地球正在准备和太阳打一架，你想知道它们打完架后你会赚到多少钱吗？”

那位中年人不由得停了下来，笑着问维斯布鲁克：“哦？地球也会和太阳打架？”

“会的，先生，因为您没买保险，或者说您买的保险没有我们公司的福利好。可爱的地球先生为您的健康担忧，但它又不会说话，可它又实在太关心您的健康了。所以只能生闷气，生了闷气就想发泄，没办法只好和太阳打架去了。”维斯布鲁克笑呵呵地回答。

“哦，这样啊，我还真没买保险呢，你是保险销售人员吗？”

“是的，我是一名快乐的保险销售人员。别看我个头和年纪小，但是我会为您详细制定一份保险计划的。”

“哦，不错，那我们谈谈吧。”

那位老销售人员看到这里，不禁恍然大悟道：“原来他成功的推销就源自于一个幽默的开场白啊！”

中年人的好奇心被维斯布鲁克给引了起来，于是两人走到路边的长椅上开始交谈起来。在和维斯布鲁克交谈了一会儿后，这个中年人面露微笑地从西装口袋里拿出钢笔，签了一份人身保险单。

那位一直在不远处观看的老销售人员，不禁对维斯布鲁克的推销才华发出了一阵阵感叹。他回去后，将维斯布鲁克的推销过程向别的销售人员讲了一遍，大家听后都不由得赞叹起这位年仅十六岁的小销售人员来。

在这之后，伦敦街头的销售人员都开始像维斯布鲁克学习，注意与客户交谈的开始使用幽默的开场白，结果大家的推销业绩都因此提高了不少。后来，伦敦推销界都将这种既能引起客户好奇心又能让推销过程在一种愉快的心情下进行的幽默开场白，称之为“维斯布鲁克式开场白”。

从英国营销大师维斯布鲁克的案例可以看出，幽默的开场白能大大增加推销的简单性和容易性，而且更能使推销获得成功，顺利拿下订单。FBI提示，虽然幽默的开场白有如此之多的好处，但是，世界上没有十全十美的东西，幽默的开场白也在某些场合会对营销产生副作用。那么，幽默的开场白应该在使用时注意些什么呢?

（1）使用幽默的开场白应该注意营销时所处的环境

什么环境下使用什么样的语言，营销时更应该注意说话的环境。在使用幽默开场白的时候，一定要注意，在客户心情极度糟糕的时候，切勿使用幽默的开场白。比如销售人员在路过殡仪馆的时候，向刚刚失去亲人、朋友的客户使用幽默的开场白，不但不会引起客户的好奇心，相反，还会让客户变得怒不可遏。所以说，使用幽默的开场白应该注意环境。在一些气氛比较热烈欢快的环境下使用幽默的开场白，就会收到不错的效果。当然，在气氛比较沉闷压抑的环境中使用幽默的开场白，往往也可对自己营销的结果起到出奇制胜的作用。

（2）使用幽默的开场白应该注意营销客户群

不同的人群有着不同的谈话方式，所以营销的时候一定要注意在不同的客户群面前使用相应的开场白。一般来说，幽默的开场白在那些思想性格比较开朗奔放的客户面前使用，更能引起他们的好奇心，会收到非常不错的效果。而对于那些年长者就最好使用非常礼貌且得体的开场白。尤其是那些一看就显得傲慢的客户，最好不要使用幽默的开场白，因为他们通常会把你的幽默当作戏谑。

（3）使用幽默的开场白应该注意说话的口吻

说话的口吻决定了听众对话语好恶的理解。有人通常说了一句好话，但是由于口吻过于轻蔑等原因，导致受众对他的话产生了相反的理解，或者说受众听起来很刺耳。所以，一名优秀的销售人员在营销时一定非常注意自己说话的口吻。因为幽默的开场白本身就显得比较随意，如果销售员在营销的时候不注意自己的口吻，往往会招致客户的反感。

（4）使用幽默的开场白时应该先了解客户

这里所说的了解客户，不是先和客户聊天，了解一下客户的心理。而是让销售人员先靠近客户，看看客户是不是一个适合使用幽默开场白的人。具体方法有很多，销售人员可以远距离观察客户，通过客户的面部表情以及肢体语言去了解客户。如果客户是名人或者大客户，可以先从报纸、网络等工具上面了解客户是不是适合使用幽默的开场白。另外，也可以通过人际关系的渠道去了解客户是不是适合使用幽默的开场白。

（5）使用幽默的开场白一定要“热”而不能“冷”

幽默通常分为两种，一种是“热幽默”，既听完之后，立刻会让人产生捧腹大笑的效果；另一种为“冷幽默”，即听完之后，听众觉得刚才听到的“应该是一个笑话”。在营销的过程中，最令销售人员担心的就是冷场。客户对销售人员所说的话既不感兴趣也不反对，很少出现互动场面，最终导致双方都失去了继续谈下去的意愿，造成营销失败。所以，销售人员在使用幽默的开场白时，一定要使用“热幽默”，这样的开场白会让气氛更愉快，更热烈，大大降低冷场出现的可能性。如果销售人员一时不注意，用一个“冷幽默”作为开场白，往往会导致营销一开始就陷入冷场，而最终营销的结果只能以失败告终。所以说，销售人员在使用幽默的开场白之时，一定要“热”，而不能“冷”。

FBI心理分析师指出，成功开启话题，对于沟通的意义非常大，在案件审理时更为重要。因此，如果能运用幽默的开场白让当事者放松心情，也是一个非常好的办法。

第六章　学会赞美：

FBI 告诉你想要赢得他人好感就要学会赞美

1

懂得适当地运用赞美

FBI心理分析指出，真正懂得表达的人从不会吝啬对他人的赞誉之词，懂得渴望被认可和赏识是每个人的天性。事实上，也的确如此，每个人都希望有人赞美自己，因为赞美是世界上最动听的语言。可以说，无论男女老幼，没有哪一个人不喜欢听到别人对自己进行赞美。FBI的谈判专家曾说过，在人际关系交往中，赞美是感化他人，拉近彼此距离的一种有效方法。心理学家威廉·詹姆斯曾指出：“每个人都渴望得到赏识，这是人类最基本的天性。”

从社会人际交往的心理学角度上来讲，赞美他人能缩短人们之间的心理距离。在人际交往中，当人们得到别人的赞美时，也等于得到了他人对自己的一种肯定和推崇。所以，每个人都会愿意和懂得赞美别人的人成为朋友。但是，赞美绝对不是一种恭维，而是对别人的认可和中肯的评价。可以说，赞美是人际交往中促进交流的一种手段，是获得好人脉的桥梁。

不过，FBI提示，在现实人际交往中，赞美他人虽然非常重要，但是并不需要你小心翼翼、绞尽脑汁地进行赞美。因为这样的赞美和恭维并没有什么分别，还会给人留下非常虚伪的印象。所以，在人际关系交往中，应当恰当地对别人进行赞美。

通常，根据一些实际情况中的细节对别人进行赞美，才能赢得别人的欢心。正如心理学家说的那样：“赞美别人，也是需要经验的。你赞美别人的越多，你就会发现，你得到的赞美也就越多。”渴望别人的赞美是人类的天性，人际交往中，恰到好处的赞美能抬高别人的心理地位，而你也能因此而得到对方的好感。

人与人之间的交往，需要一个尺度，真诚的赞美就是一个最基本的尺度。如果你的赞美不是发自内心的真诚话语，而且没有有力的根据，不切实际，过于夸大其词，那么别人可能会因此把你列为需要防范的人物行列。

FBI探员建议，为了避免这种情况的发生，你在赞美他人的时候，必须是凭着真实情况或根据对方的优点和长处，进行有效的赞美（并且，要用真诚的话语，表示自己对对方的钦佩之情），这不失为一个赞美的好办法——多了一个赞美对方的理由，还更能达到结识对方的目的。

赞美是一种有效的交流方式，在赞美别人时，可以使用对方时常听到的话语，因为用对方时常听到的话语进行赞美，可使对方听起来感觉比较亲切；也可以用新颖的话赞美别人，但要赞美得恰到好处，不要过于夸大，更不要渲染，最好能跟对方的实际情况相符。这种赞美与他们经常听到的赞美不同，在让人感觉新鲜的同时，还能觉得你是一个有创意的人，因此而对你产生好感。

在对犯罪嫌疑人的审讯过程中，FBI如何用新鲜而恰如其分的赞美赢得对方的好感，是极其重要的。要想做到这一点，只要靠你平常对别人细心的观察和了解，得知对方的喜好，以及挑选对方爱听的话说即可。当然，想要发现对方不易为人熟知的优点和特点，就需要你和对方进行长期交往了。

不切实际的赞美，往往与事实不相符合，因此对别人的评价，也会引起混乱和误解。此外，别人会认为，你的审美观和鉴赏能力有所缺失，不仅不能接受你的赞美，反而会加深对你的负面印象。而明确、真诚的赞美，因为是根据具体事实进行美化的，所以赞美的效果也就更加明显。

另外，你还可以通过第三者赞美对方。也就是说，在当事人不在场的情况下，向另一个人转述赞美，这种赞美被第三者传达给赞美的对象时，得到的效果要比当面赞美对方影响力还要大。FBI发现，这个策略对那些虚荣心较强和缺乏关爱的犯罪嫌疑人尤为有用。

背后赞美别人的方式，除了能起到激励对方的作用外，还能让对方感觉你是真诚地想和他交朋友，真心地钦佩他这个人。即使你的赞美没有直接传达给本人，第三者也会对你背后赞美别人，而不是诽谤别人，产生敬重心理。

事实上，背后的赞美要比当面赞美一个人效果更佳。虽然当面受到赞誉是令人愉快的事情，但人际关系交往中，这种赞美方式，已经被人们广泛滥用，所以大部分人听到当面的赞美时总是没有什么感觉。但背后的赞美，是通过第三者传送到当事人面前的，这往往更能吸引对方的注意力，同时直接起到作用。

从心理学的角度来讲，人们会更相信别人在背后对自己的赞美和评价是出自内心的。

当对方通过“第三者”听到你的赞美时，这种感觉和当面听到赞美是不同的。此外，这还意味着赞美的话语传递给了更多的人，影响更为广泛，无形中把赞美扩大化了。无论是当面直接对对方进行赞美，还是通过别人传达间接赞美，都应该让别人感受到你言语之中的真诚，切不可矫揉造作，夸大其词。其实，赞美就是为了让别人感受到你的真诚，如果用词不当，拿捏不准分寸，就达不到赞美的效果，甚至会适得其反，造成不必要的误会。

总之，无论是间接赞美，还是直接赞美，都不应该使用过于夸大、奉承的话语，应该秉着真诚、符合事实的原则。俗话说，给朋友提意见的时候要在无人的地方，而赞美朋友时，要选择人多的场合，这句话是有一定的道理的。但FBI谈判专家认为，这句俗语还应该加上“赞美人时还应该注意时机”。

赞美别人时，要选对时机和场合，在合适的场合对对方进行恰当的赞美，才能达到你所期望的效果，否则，只会对你的人脉关系的开发造成负面影响。

美国社会心理学家阿伦森曾说过：“赞美就像宝石，因为稀少，所以有价值。”因此，当你赞美一个人的时候，要慎重地给予赞美，不要频繁地赞美一个人。物以稀为贵，频繁的赞美不仅不会起到构建人脉关系的作用，还会让别人认为你是一个阿谀奉承的人，甚至会对你这个人产生误解和反感。

在人际关系交往中，只有懂得恰到好处地赞美别人，才能给别人留下良好的印象，赢得好人缘，并起到构建人脉的作用。

恰当地赞美，是与人建立良好关系不可或缺的。而一个懂得与他人和谐共事、相处的人，也很少做出伤害他人的事情。

2

赞美要注意分寸，掌握技巧

FBI探员大都是赞美的高手，他们懂得运用恰当的方式让对方感受到被认同。因此，很多时候，不愿开口说出案件真相的人，最终会情不自禁地将真相讲出来。

美国著名心理学家威廉·詹姆斯曾经说过：“人类本性中最深的渴望之一就是期望被赞美和尊重。”可见，希望得到尊重和赞美，是每个人内心深处的一种渴望。然而，赞美也需要智慧，也是要掌握分寸的。赞美不能像鹦鹉学舌一样，那样只能落入俗套，并且不会有什么新意。这就正如巴尔扎克曾经说过的：“第一个形容女人是花的人，是聪明人；第二个这样形容的人，就显得很一般了；第三个再将女人比喻成花的人，就是个笨蛋。”由此，不难看出，巧妙地赞美别人，就需要我们平时善于挖掘，从独特的视角出发，这样才能发现新的亮点，给被夸赞的人留下深刻的印象。那么，怎样才能使人对自己的赞美留下深刻印象呢？

首先，赞美他人的话要有自己的独到之处。对于有些人来说，可能有一些赞美是他们经常会听到的，而这些赞美往往是针对他最明显的特点的，比如外表看来比实际年龄更年轻、气质不凡等。这些赞美的词语，他们已经听过很多次了，甚至已经习以为常。如果再听到同样的赞美，效果必然会大打折扣，并且很容易被他人看作是常规的交往程序，因此赞美就不再具有特殊的意义，也无法给人留下深刻的印象。

其次，想要把赞美的效果推向高潮，就应该尽可能地使自己对他人的赞美更有创新性质。新颖的事物总是能够率先引起别人的注意，这个时候的赞美往往才能真正起到效果。但是，要想做到既真诚，又新颖，就需要你平时多细心观察他人，并且深入了解对方的脾气性格，由外及内地深入赞美，发现对方的闪光点。

拿破仑一向很反感奉承，对于这一点，他的士兵都很清楚。然而有一个聪明的士兵有一天却对拿破仑说："将军，您是最不喜欢听奉承话的，您真是一位英明的人物啊！"拿破仑听后十分开心，不仅没有斥责他，反而感到很受用。实际上，这位士兵之所以能成功地赞美，就是因为他了解拿破仑的脾气秉性，深知他不喜欢听奉承的话。他的聪明之处就在于，准确巧妙地赞美了拿破仑不同于常人的地方，从而赢得了对方的好感。

其实，世界上没有人会对别人的赞美无动于衷。现实生活中，有人精通赞美之法，有人却不懂得怎样赞美别人。大文豪萧伯纳曾经说过："每次有人赞美我，我都感到很头痛，因为他们赞美得不够。"可见，人人都喜欢听赞美的话，关键是赞美的人能不能抓住被赞美之人的特点，赞美到对方的心坎里。

在法国有一位将军，他曾经立下赫赫战功，而且每次打仗都是胜利归来。在他每次凯旋的时候，总是有无数的鲜花和掌声围绕着他。人们经常会说："将军，你真是世界上举世无双的军事家。"还有的会说："将军，你是我们国家的骄傲，是我们的英雄！"时间久了，将军已经听得麻木了，因此早已无动于衷。他认为，打胜仗是作为一个优秀的将军应该做的分内之事，因此不值得被这样夸耀。后来，有一个很善于揣测别人心理的士兵对他说："将军，你的胡须真是漂亮啊，就像是一片茂密的森林。"将军听了之后笑逐颜开。

可见，这个士兵没有将赞美的关键放在将军的功绩上，而是转为赞美他的胡须，令其开心不已。他运用的正是出其不意的赞美，因而见到了成效。

由此也可以看出，当你学会了赞美对方的时候，对方自然也会觉得高兴，进而对你产生好感。所以，要想增进彼此之间的关系，拉近双方之间的距离，就不妨找到对方的闪光之处，出其不意地对其进行赞美和夸奖，这样往往能够收到让人意想不到的效果。

当然要想做到这些，就需要做到以下几点：

第一，利用机会，懂得挖掘赞美的素材。要想学会赞美他人，就需要从小事做起，在平时做一个有心人，善于利用和挖掘赞美的素材，以小见大，看到小事背后的重大意义。

第二，合理得体地赞美，不过分夸张。虽然有的时候在赞美他人的过程中适当地夸张一点能够有利于表达自己的真情实感，对方也乐得接受，但是赞美的语言和角度也要合情合理才行。如果言过其实，过分夸张，就有阿谀奉承的嫌疑，让人觉得你不够稳重、牢靠，甚至怀疑你赞美的真实目的。因此赞美一定要适度、得体，否则就很容易起到相反的作用。

第三，赞美对方的细微之处。赞美他人的方式多种多样，而想要达到自己所期望的目的，就一定要从细微之处下手，不忽略在他人身上发生的任何一件值得赞美的事，从具体的细微之处下手。比如在和他人单独相处的时候，可以去赞美他着装上的细节变化。这样就能够迅速地拉近彼此之间的距离，从而获得对方的好感。

FBI心理专家说，诚恳能打动人，而诚恳地赞美他人，更能赢得对方的信赖。

3

赞美时的两个“度”——态度与程度

FBI犯罪心理分析专家认为，如果可能的话，在人际交往中，一定要表示出你对他人的赞美之意。这不仅可以让对方享受到被认可的满足感，也可以让你得到他的真情回报。

美国《幸福》杂志曾经对美国500位年薪50万美元以上的企业界高管人员和300名政界人士进行调查，调查结果表明，认为人际关系顺畅是事业成功的最关键因素的人数占到了总人数的93.7%，而这其中被人们普遍认为最核心的课程就是学会赞美别人。

1960年法国总统戴高乐访问美国，当时尼克松特地为他举行了宴会。尼克松夫人负责宴会的场景布置，她花了很多精力布置了一个美观漂亮的鲜花展台，这是在一张马蹄形的桌子的中央，用鲜艳的鲜花衬托着的一个温馨精致的喷泉。戴高乐到达宴会场地后一眼就看到了鲜花与喷泉的与众不同，他马上猜测到这是主人为了欢迎他而精心安排设计的。于是连声称赞道：“女主人为安排这次宴会一定花费了很多时间吧？这布置真的是非常漂亮与雅致呢。”尼克松夫人听了戴高乐的夸奖，十分高兴。后来她说："大多数来访的大人物和宾客要么不会注意，要么注意到了也不屑向女主人道谢称赞，而戴高乐和他们不一样，他总是先想到别人。"可见，一句真诚的简单赞美，会给被赞美的人带去多么大的欣慰，会带来多么好的评价回馈。戴高乐身为法国的国家元首，面对尼克松夫人精心布置的宴会展台，他没有像其他人那样视而不见，而是立刻领会到了对方对此做出的努力，并表示感谢。戴高乐在平时也能敏锐地发现别人的优点，时常赞美别人，这是他被人尊敬，也是他在外交上获得成功的不可或缺的因素。

赞美是一门艺术，而褒奖需要技巧。话说得适当，可以让人心情愉悦，但如果过于夸大了，又往往会引起对方的反感，弄巧成拙。因此，在赞美别人的时候，要讲究一个"度"，这个"度"包含两方面：赞美的态度和程度。

有些人比较含蓄，不善于去表达对他人的赞美。更有甚者认为，赞美是一种拍马屁、奉承的做法。事实上，这是一种误解。真诚的赞美是一种真心诚意的夸奖，是对事实存在的一种发自内心的描述。那么真诚的赞美应具备怎样的构成要素呢?

首先，褒奖要有真诚、自然的态度，赞美他人要发自内心。如果你并不是真心实意地赞美对方，就不要轻易说出赞美的话。那些不切实际、没有经过思考的赞美，大部分会被认为是虚情假意的敷衍，是怀有企图的赞美，不但不会使对方感动，反而会对你产生厌恶与抵触的情绪。

其次，要掌握好赞美的程度。在褒奖别人的时候，要客观陈述对方的优点、公正地表达自己对对方的欣赏之情。赞美也讲究适可而止，切忌将对方的优点夸大到登峰造极的地步。过度的赞美会使被赞美的人觉得你说话不切实际，令自己感到窘迫，更会降低说话者的可信度，认为你是带有企图的阿谀奉承。

要掌握好褒奖的技巧，就要学会如何掌握一个“度”。因此，必须要做到以下几点：

（1）善于发现对方的赞美点。对于两个陌生人而言，想要开启谈话的大门，赞美对方必不可少。所以，要善于发现对方的优点和长处，可以先从一个人的身材、外貌、穿着打扮、气质等外在方面进行分析。再从本身内在的性格类型来分类，善良、贤惠、活泼、果断等内在品质也是参考点。通过对各个方面的分析，从中选取对方表现出来的特质进行夸奖。

印度尼西亚前总统苏加诺在外交上是一个老手。他在一次访问中国时，参加了广州青年为他举行的欢迎会。在欢迎会上，他说了这么一段话：“今天，我和大家见面，感到非常幸福。你们青年人，是民族的希望，是未来的建设者，未来的主人翁。青年人是多么幸福啊！印度有非常多的神话，其中有一个神话说世上有一棵神树，这棵神树叫作‘愿望之树’，谁要是能站在这棵神树的下面，并说出他自己心中的愿望，他的愿望就可以立刻实现。我想，如果我现在能够站到这棵神树下，一个神仙问我：‘苏加诺，你现在希望得到什么？你有什么要求？’那我肯定会激动地告诉他：‘我希望可以恢复我的青春’。”在这段说话中，苏加诺通过对比青年人与自己，得出青年人的特质，并热情真心地赞美了他们特有的宝贵青春。苏加诺对青春的留恋，对现代青年人拥有青春的赞扬，一方面激起了对方青年的自豪感，另一方面也使听众认为这个演讲者苏加诺态度和蔼可亲，值得信任。于是也就更乐于集中精力来倾听他的讲话。

（2）赞美点必须是对方的优点。只有赞美对方的优点才能够让对方感受到我们在真诚地赞美他。如果我们不加思考地赞美了对方的一个缺点，那么我们的赞美将适得其反。

（3）赞美点必须是具体存在的客观事实，进一步说就是赞美要有针对性。放大或无中生有，只会招来对方对你的厌恶与远离。而只有针对对方本身存在的具体事实进行赞美与陈述，才会让对方感觉到，这是自然的赞美，不是刻意而为之。对方才会心安理得地接受你对他的赞美，对你产生良好的印象并给予关注。

20世纪著名的英国喜剧演员查理·卓别林，是现代喜剧电影的奠基者。1975年3月4日，他以85岁的高龄在英国白金汉宫被伊丽莎白女王封为爵士。在封爵仪式上，女王兴奋地对卓别林说：“我观看过许多你演的电影，你是一位难得的伟大的好演员。”封爵仪式结束之后，很多人向卓别林询问受封时的感受，可他却带着遗憾的表情说：“女王陛下如此称赞我演得好，可是她却从没有提及我的哪一部电影哪一个情节演得好。”女王陛下的赞美带着贵族温和自然的态度，而卓别林的失落却是因为没有得到女王陛下对其电影中具体内容的肯定。

（4）用自己真实诚恳的语言表达出对对方的赞美。对对方的赞美，要选择自然的语言并在适当的时候表达出来，这样才能产生积极的作用。自然的语言，是指赞美别人的时候要用温柔诚恳的语气来表达。在适当的时候，则是要求选择或是等待一个良好的说话时机。两者合理的相互配合才能出奇制胜，打动人心。当然在做到这两者配合的时候，还不能忘记赞美时用具体的内容来配合。

卡耐基曾在《人性的弱点》中写到自己经历过的一个特别故事：有一天，卡耐基前往邮局寄挂号信，可是邮局的服务员态度很差，像是有人招惹了她一般，显得相当不耐烦。卡耐基把信件给她称重的时候，认真地观察了服务员的神情与外貌，顺口说道“哦，我真希望自己可以拥有像你这样美丽的头发。”服务员听到了卡耐基的称赞，惊讶地抬头看了看卡耐基，接着脸上露出了微笑。之后的服务也变得热情多了，于是，卡耐基很快就完成了寄信工作。

你在赞美别人的时候，其实就是对他所做的行为做出肯定和给予别人努力下去的信心。你赞美别人的优秀，别人也会因为你的夸奖而产生更大的动力去完善这一种优秀。你赞美她的善良，他会变得更加善良；你赞美他的友好，他会变得更加友好；你赞美他有爱心，他会更努力地去奉献。真诚、适度的赞美，如同春风袭来，暖人心脾，使彼此的心情更加愉悦，并会因此增进彼此之间的感情。

FBI心理专家指出，任何人都需要被赞赏带来的满足感，被得到认可的人做事会变得更加积极。

第七章　良性沟通：

FBI 告诉你深入交流的前提是良性沟通

1

如何建立起沟通的桥梁

FBI犯罪心理专家认为，沟通在社会交往中非常重要，良性的人际沟通可以顺利解决问题，反之会得到相反效果。

在人与人的交往中，彼此之间只有建立起了一座可以让双方进行沟通的桥梁，才能够在相互之间传播正能量，从而达到交流的最终目的。那么，如何才能够架起人与人之间沟通的桥梁呢？首先得从沟通的目的出发，因为只有了解了沟通的最终目的，才能够根据目的去寻找合适的沟通方式。

沟通是为了能够将所掌握到的信息、情感和思想在个体与个体之间或是个体与群体之间进行传递，从而使双方通过这种交流达到思想上的共识。从这个角度而言，在进行沟通时存在三个要素：一是要有一个明确的目标；二是双方要达成某种共识；三是彼此要做到信息、情感与思想上的交流。

（1）明确的目标

FBI谈判专家每个人无论做什么事情，都会有其目的性。尽管很多时候人的目的性或许会隐藏在人的潜意识里没有被感知到，但这同样不会改变人与人之间进行沟通的目的性与目标性。目的是直接想要达到的效果，目标则是所要选择的进行沟通的对象。可以说，只有明确了这两点，才能做到沟通有的放矢。

在这方面，日本的企业家松下幸之助有着深切的体会。小时候因父亲生意上的失败，他仅仅接受了四年的小学教育，就离开了家去大坂做学徒。几年后，为了能够学到更多的东西，他决定换一份工作，于是他去了一家电器工厂谋求发展。当时他仅有19岁，根本就不懂得怎样才能与这家工厂的招聘人员进行交流。他只是想着要通过向对方讲述自己以前供职时的经历让对方了解自己，可是真的到了这家电器工厂之后，他还没来得及作自我介绍，相关负责人员只是看了他两眼便对他说："对不起，年轻人，我们工厂暂时不招人了。"

松下幸之助问："你们不是还张贴着招聘的启事吗？"

那个人说："是的，但是我们刚刚已经招够人数了，你如果真的想来这里上班，一个月以后再来吧。"

松下幸之助仅仅和那个人交流了一句话，就被对方打发走了，他心里很不高兴，因为明明在他离开那家电器厂时还有人陆陆续续前去应聘。对方一定是看他长得太瘦小了，衣服又有些破旧，所以才会拒绝他。但他并未因此退缩，因为他在来这家电器工厂之前就已经想好了，既然打算进入各项福利待遇都很好的电器工厂去工作，就一定要想方设法进去。有了这个目的后，松下幸之助没有再去另外几家电器厂找工作，而是等了一个月后，再次去了那家电器工厂。

相关负责人再次见到又黑又瘦的松下幸之助很是惊讶，当时他所说的话只是推辞，没想到他竟然真的在一个月后又来了，而且和上次来时穿得几乎一模一样。负责人推托道：“年轻人，我这两天有点事，你过两天再来吧。”松下幸之助就应声走了。可是按着经理说的，过了两天他又来了。就这样，这位相关负责人一连又推托了两三次，但次次松下幸之助都按着对方说的去做了。这让那个人觉得，这个人不是太老实就是太傻，于是向他直言道：“实话告诉你吧，像你这样一身脏兮兮的样子，是根本进不了我们工厂的。”听罢此话，松下幸之助二话不说，扭头就走。这个人以为自己的话刺激到对方了，谁想松下幸之助很快就换了一身崭新的衣服又回来了。见松下幸之助挺实在，那个人只好如实说：“不是我们不用你，而是你以前没有做过这一行，关于电器方面的知识根本就不懂，所以你还是去找找其他的工作吧。”

闻语，松下幸之助只好走了。但他对这份工作的渴望不但没有减少，反而更增了信心。因为从最初他到这家电器厂应聘以来，这位负责人终于从开始的不愿意和自己交流沟通，到目前已经发展到言语十分恳切了。这对于松下幸之助来说很重要，因为他明白双方无法进行思想上的交流就无法做到彼此了解。在接下来的时间里，松下幸之助开始利用业余时间去了解和学习大量的关于电器方面的专业知识。两个月后，他再次站到了那家电器工厂的负责人面前。不同的是，这一次他没等那个人开口便主动说：“这两个月来，我已经学到了不少电器方面的有关知识，我想我已经能够从事一些电器工厂的基本工作了，您可以考考我。还有，如果您觉得我哪方面做得还不合格，可以一条条地提出来，我可以逐一地去弥补和改正。”

这位曾经阅人无数的相关负责人看着松下幸之助，颇为感慨地点点头说：“年轻人，我做这份工作已经十几年了，但我还是第一次遇到像你这样来找工作的人。老实讲，尽管你在语言上不怎么会与人很好地交流和沟通，但你用自己的行动很好地做到了和我的沟通与交流，所以我现在正式通知你，你被录用了。”

对于当时不善言辞的松下幸之助来说，之所以能够被这家电器工厂录用，其实关键就在于他从开始就为自己制定了一个明确的目标——进入福利待遇很好的电器工厂工作。在实现这一目标的路上，松下幸之助又运用自己做事的耐心和韧性与那位负责人进行了一场无声胜有声的沟通。最终用自己在求职过程中积攒到的正能量，感化了那位曾经带着有色眼镜看待自己的招聘经理，实现了自己的理想。

（2）沟通信息、情感和思想

在人与人的相互交往与沟通过程中，无论出于什么目的，都必须达到彼此之间在信息上的相互交换，以及思想和情感上的交流，这样才能向着沟通的终极目标靠拢。在松下幸之助的这次求职经历中，尽管双方见面时的语言交流并不多，但松下幸之助却用自己一次又一次的行动，与那位相关负责人进行无声的交流与沟通。那个人每次指出他身上的一点不足之后，他都很快改正了过来。双方通过信息的交流，让松下幸之助一次又一次地将这位负责人对自己不满意的方面的信息反馈到了自己这一方，接着完成了双方在思想和情感上的最终沟通，致使松下幸之助用自己的行动达到了让其深有感触的目的。

（3）达成共同的协议

对于进行沟通的双方而言，彼此通过在信息、思想和情感等方面的交流之后，最终达成某种共同的协议，这是沟通的终极目标。它与双方在沟通之前所制定下的目的有着本质上的联系，只不过前者是在事情还没有得到实践时，思想意识之中的一种还没有实现的希望。而后者则是一种经过实践之后所呈现出来的结果，是考验双方沟通成败的一个关键要素。

可以说，在人与人的交往或是谈判过程中，只有明白了彼此之间进行沟通的这三个要素，才能够去选择一种适合自己及所处环境的沟通方式和方法，与自己希望与之达成沟通目的的人进行沟通。而也只有这样，才能够在彼此之间构架起一座沟通的立交桥，用彼此的正能量，最终达到双赢的目的。

FBI探员认为，成功沟通的前提是找到一条可以与对方达成共同意愿的途径，这样才能使沟通顺畅地进行下去。

2

在沟通中占据重要地位的非语言沟通

FBI行为心理学研究认为，非语言在沟通中的作用非常大。如果在语言沟通中，能恰当地配合非语言沟通，将会使交流显得更为活跃，对情感等信息的传达也更加显而易见。

人与人之间沟通的方式，比较常见的是语言沟通，因为这种方式是最为直接也是最为有效的一种沟通方式。但在某些场合或是某些特殊的环境下，非语言沟通往往更能够达到传递彼此之间情感、思想和信息的目的。

非语言沟通，就是指运用语言之外的任何方式进行沟通。比如聋哑人之间常见的手语，人与人之间交流信息时常用的电子邮件、通信，以及人的面部表情，如挤眉弄眼、皱眉等行为。

有时候非语言沟通也会与语言沟通一起使用，这样会起到一种相辅相成的效果，有时候也可单独使用。比如上司责问下属为什么昨天下午提前下班时，下属理直气壮地回答说："没有，昨天我根本没有提前下班。"上司听后翻出了电话机里的未接号码，结果显示昨天下午5-6点之间公司共有7个电话打了进来，结果都是未接，这位下属看后不由低下了头，脸上微微红了。下属低下头和脸变红的行为就是非语言性的行为，表明这名员工的谎言被揭穿后的尴尬。再比如，当上司问一位下属吃没吃早饭时，下属轻轻摇了摇头，而他的这种摇头行为就是一种单独使用的非语言沟通行为。

非语言沟通行为的最终目的其实和语言沟通行为的目的一样，就是要传达出那些隐藏在非语言信息里面所蕴含的情感和信息。这是因为，在有些时候，并不是所有的沟通都适合用语言来传达和沟通。比如一个便衣警察正在跟踪一名小偷，这时突然从对面走过来一位他以前的同事或是朋友，这时候为了使自己不被小偷发觉而完成任务，这名便衣警察就不适合运用语言行为向这位已经看到自己的同事或是朋友打招呼，或告诉他自己正在执行任务，因为这样一来就会在小偷面前暴露自己的身份。所以在这种时候，最好的办法就是向对方使个眼色或是轻轻向对方挥挥手等，向对方表达出自己讲话的不便，这就是非语言沟通行为在实际中的应用。

还有一种情况，当一种情感难以用语言表达出来时，很多人同样要运用非语言行为的沟通方式来表达。

比如走在路上，一位男士看到前面一位女士背上裙子的拉链开了，这时候如果男士在后面朝那个女士喊一声，告诉她这个事实，势必会致使对方陷入尴尬的境地。

假如走到对方身边小声地告诉对方这个事实，如果彼此认识还好，如果不认识的话同样会招来对方的猜疑。最好的办法就是将这一事实写到一张字条上，然后走到女士面前默默地递给对方。如此一来，既不显山露水，又将信息巧妙地传达给了对方。显然，这就是非语言沟通行为所彰显出来的力量。

非语言沟通在人与人的交往过程中占据着十分重要的作用。比如常见的人与人见面或是告别时挥动手臂的动作，以及面部表情的不同，从中都可以十分形象地看到对方所流露出来的内心情感。

美国心理学家艾伯特・梅拉宾曾经专门做过一个研究，研究的内容为人类在沟通过程当中对语言的使用、讲话时的音调和沟通时的面部表情这三个要素在整个沟通过程当中所占的比重。结果发现，语言在整个情感交流的过程中仅仅占了7%的比例，讲话的音调占了38%，而非语言沟通方式的面部表情却达到了55%。

由此可以看出，在人与人的沟通过程当中，语言沟通的方式并不是最好的沟通方式，它所表达出来的人的情感信息也是极为有限的——仅仅占据了7%的比例，反而是讲话时的音调和沟通时的面部表情等非语言沟通方式占据了主要地位。所以，如果想要实现人与人之间良好的沟通，就得尽可能地运用适当的语言表达，并加上丰富的非语言沟通。

人与人之间的非语言沟通方式，与语言沟通方式相比有着很大的差异，这主要是由这两种沟通方式的不同表现形式所决定的。如果要做到更准确地利用非语言沟通方式与他人沟通和交流，就必须要了解非语言沟通的几种方式。

非语言沟通的方式包括三种：一是肢体行为语言；二是标记性语言；三是物体性语言。

（1）肢体行为语言

肢体行为语言与标记性语言所不同的是，标记性语言往往有着双方都约定俗成的意思。也就是大多数了解的人都可以从双方的交流中明白对方所要表达的意思，它和人与人之间用语言沟通仅仅是方式上有所不同。但肢体行为语言往往有着它不同的表达方式。比如一个人在排队的时候，手里拿着一本书不停地翻过来又翻过去，这就表示这个人心里很着急。在人与人的交流和沟通的过程中，读懂对方的肢体行为语言，往往更有助于人们捕捉到对方情绪上的变化，从而以致改变自己的沟通方式，以达到真正的思想交流。

（2）标记性语言

标记性语言往往有着比较明显的标识性。比如说，交通警察在工作当中使用的指挥手势，聋哑人在与人交流中使用的手语，以及人们在日常生活中常用的一些习惯性的手势和标识。人们经常使用的“OK”手势和在公共场合中禁止烟火的标记等，是双方约定好的一些只有彼此才能够明白的暗号和手势等，这些都属于标记性语言。

（3）物体语言

物体语言与其他两种非语言沟通方式最大的不同，就是物体语言往往是一种处于静止或是相对静态的非语言表达方式，也是在人与人交流和沟通的过程中了解对方的重要因素。比如，我们可以从一个人的穿衣走路习惯中看出这个人所偏爱的衣服颜色的款式及性格。再比如，习惯将办公室里的物品摆放得十分规整的人，一定是一个做事认真追求工作效率的人。

了解了非语言沟通的几种方式之后，人们在与人交流的过程中，一定能及时把握住对方的性格特点和心理特征，从而使彼此更好地在信息、思想和情感上进行交流。但要做到通畅地运用非语言与他人进行沟通，就必须在生活和工作当中细心观察他人，只有这样才能够读懂他人语言背后所隐藏的情感。

FBI探员经常会通过观察他人的肢体语言，来判断对方内心的真正想法，以及其情感、情绪的波动。因为，人们通常会在交流中，不知不觉地通过肢体语言泄露内心的秘密。

3

如何借助沟通缓解压力

曾经创造过美国职业拳坛出场费4500万美元最高纪录的重量级拳王奥斯卡·德·拉·霍亚，人们只看到了他在职业拳坛上所取得的辉煌战绩，以及他被对手霍普金斯打败后反而盛情邀请对方组建了拳击推广公司，却忽略了童年时的霍亚是个极为内向的孩子，远没有他在拳坛上所表现出来的那种凶悍、凌厉的拳风。

小时候的霍亚十分听话，很少和顽皮的孩子玩耍，而且有时在外面被人打了，回到家也从不跟父亲讲。父亲得知后，为了彻底改变霍亚不喜欢与人沟通的习惯，便把6岁的霍亚送进了一家叫作伊斯特·赛德的拳击学校去接受训练。

没想到仅仅一年后，霍亚就发生了很大的变化，哥哥乔尔再欺负他时，竟然被霍亚攥着拳头满街地追打。而此时的霍亚不但在学校里改变了以往那种不爱讲话的习惯，反而只要是和同学们在学校进行了一场拳击比赛后，他总是抓住对方不停地讲关于这场比赛时的情况，根本不在乎这场比赛是哪一方获得了胜利。

在训练的间隙，霍亚同样会和校友们一起探讨训练中各种技法的运用。虽然霍亚在刚刚进入这所学校时并不喜欢拳击，但通过与校友在一起经常切磋，他很快就喜欢上了这项运动，并且经常通过与教练或是同学们的聊天和谈心的方式来提高自己对拳击的理解。

1992年，霍亚代表美国参加了巴塞罗那奥运会，并且拿到了那一年拳击比赛中美国队取得的唯一一块金牌。

此后，霍亚成为职业拳手，并于两年后拿到WBO轻量级冠军的金腰带，从此便开始了他的“金童霍亚时代”。但每参加完一场比赛，无论是自己又夺得了一根拳王金腰带，还是自己的金腰带被对手抢走了，霍亚在比赛结束铃声拉响的那一刻，总会收回刚才还凶猛无比的拳头，走上前去与对手紧紧拥抱在一起。

当裁判宣布霍亚获胜后，记者便会蜂拥而来，这时候霍亚总会滔滔不绝地讲起比赛时的经过，还经常将刚刚被他打败的对手也拉到镜头前，很客观地谈起两个人在比赛过程中哪一方在哪一回合做得不够好，并且还会表示自己对对手在比赛过程中某一方面所发挥出来的水平感到钦佩。

如此一来，原本是针锋相对的两个对手却因彼此相同的工作，最终成为好朋友。以至于在霍亚与击倒过他的霍普金斯成立拳击推广公司后，其招揽在公司旗下的拳手竟然十之有九都是曾经与霍亚交过手的拳手。

从霍亚与对手在比赛过后的拥抱与推心置腹的谈心中可以看出，这种交流和沟通让彼此在一瞬间转变立场。可以说，正是霍亚这种大度和包容的主动沟通，让他获得了超强的正能量，而这不仅使他的拳击推广公司成立之后便招揽到了很多拳王，还使他赢得了一位好莱坞女明星的青睐，最终一起步入婚姻的殿堂。

FBI探员认为，通过沟通人们可以获得一些正能量，例如来自他人的鼓励和赞赏，或者他人的指点和帮助，这对于一个人缓解压力是有一定帮助的。

4

消除阻碍沟通的戒备心理

在人际交流中，有时候由于各种原因，交流起来并不顺畅，其中因对方戒备心理导致交流出现困难的情况也不少见。在社会交往中，当交流一方对对方的目的和动机不了解时，基于人类自我保护的本能，便会采取戒备的态度。也就是说，人们会用一层坚硬的外壳将自己包住，以不为所动的姿态，防备他人主动出击，甚至对他人的意见产生抗拒心理。

毋庸置疑，在人际交往中，这样的戒备之心一旦形成，便不容易消除，这对于进一步交流必然带来巨大的负面影响。因此，最好的办法是防患于未然，即在交流之初，就不让对方产生戒备之心，这样才能和他进入良性的交流状态。美国的FBI特工认为，交流之初一定要了解对方的性格特点和心理状态，这样才能找到更好的方法，消除他的戒备心理。通常十分注重外表的人大多追求完美，这类人由于过于注重细节而忽视大局，而且他们大都性格内向，对他人忽冷忽热，让人难以捉摸。FBI探员根据工作经验所得，发现这类人具有强烈的私人空间意识。他们爱干净，甚至有洁癖，喜欢熟悉稳定的环境，因为他们缺乏安全感。在交往中，想让这类人打开心扉不是一件容易的事。对此，FBI谈判专家认为，对待这类戒备心理强的人，应该采取这样一些方式：

选择对方熟悉的地点与之交流。与戒备心理强的人交流，要选择一个合适的地点，最好选在他熟悉的地方，这样可以消减陌生环境带给他的不安和排斥心理，使其慢慢卸下心理防线，以打开交流的局面。

通过示弱的方式让他感受到安全。一般情况下，人与人之间的交流应在相等的心理水平线上，不然，其中一方会感觉不舒服。而对于戒备心理比较强的人，FBI谈判专家认为，这类人缺乏安全感，所以与他们交流时应增强他们的自信心和安全感。要实现这一目的，可以采取放低姿态，向对方示弱的手段来抬高其心理水平线，从而使他在不知不觉间敞开心扉，说出你想要得到的信息。这种示弱的方式，其实就是在言行举止方面让着对方，让他在交流时感受到一种轻松的氛围。如此，他才能无所顾忌地讲出一些事情的真相。

一次，FBI抓捕了一名顽固的犯罪嫌疑人，最初在对其进行审讯时，FBI探员的态度非常强势，结果并没有在犯罪嫌疑人那里得到他们想要的信息。后来，经过对这名犯罪嫌疑人的大量调查，FBI探员发现，这个人在平时的生活中很注重外表，爱整洁，而且十分注重细节。犯罪嫌疑人在很小的时候就失去了父母，跟着姑姑住在一起，他的姑姑脾气很坏，因此，他经常会遭到姑姑的虐待。可以说他的童年是在惶恐不安中度过的，这也使他形成了缺乏安全感的性格，所以对于暴力他非常反感。得到这些信息后，FBI派了一名个子很矮的探员对他进行了单独审讯。在见到这名探员后，犯罪嫌疑人不自觉地坐直了身子——在这之前他是微佝偻着身子的。审讯时，这名探员也没有采取强硬的态度，而是非常随和地对待他。可是，他并没有开口讲话。之后，FBI派出了两名长相很凶的探员对他进行审讯，在审讯时，他们的态度非常恶劣，这名犯罪嫌疑人对他们二人表现出了强烈的排斥情绪，并保持沉默。接着，FBI又派出一名身材魁梧的探员审讯他，这次犯罪嫌疑人开口说话了，他提出请求，让之前的那个小个子探员进来。最终，他在身材矮小的探员的引导下，讲出了案件发生的真相。对此，FBI谈判专家认为，对于心理戒备的强的人，与其交流时，降低自己的姿态，向对方示弱，能让其安全感得以增强，从而打开他的心扉。

当然，在社会交际中，并不是只有这类人容易对他人产生戒备心理。事实上，很多时候，当人们没有了解对方的目的和动机前，大都容易采取戒备的态度。那么，如何消除对方的戒备心理呢？

让他感受到你的真诚。很多时候，人们的猜疑心理主要是从一些微不足道的小事和对对方的某些偏见而引起的。所以，在与他人交流时，一旦发现对方产生了怀疑心理，应立即想办法消除，否则当对方的疑心越来越重时，就很难扭转他对你的印象了。所以，在交流时一定要让对方感受到你的真诚，如果发现他在怀疑你，你更要以坦率的态度与之交流，让他真正认清你的态度，从而与你进行深入交流。

装出若无其事的样子。人大都有逆反心理，你越是强迫将一种思想植入他的潜意识，所受到的阻力也就越大。因此，在交流时，发现对方的戒备态度后，用直接的方式消除其戒心是不可取的，那样往往会得到相反的效果。而此时，可以以一种若无其事的样子制造偶然发生的某种情况，这样对方不会过于警惕，认为一切都是你事先精心准备好的，所以也就会消除对你的疑心，使沟通进入相对轻松的状态。

保持轻松而从容的态度。在与人交流时，不论你怀有怎样的渴望，期待从对方那里得到什么，都不要在交流时表现得过于急切，从而让他人揣度你背后可能存在他所不知道的目的。你的急切，会让对方的戒心油然而生，从而架起一堵戒备高墙，阻碍你们的进一步交流。这样，你的沟通目的自然难以达成。

暂时与对方站在同一条线上。在交流时，一旦发现对方不信任你，或者对你的意见持坚决的反对态度，切忌不要拿出一定要说服他人的态度。因为人们都有一个心理惯性，不会轻易地马上推翻自己的看法，如果你对其采取步步紧逼的方式，很可能致使交流陷入僵持或彻底崩溃的局面。所以，为了争取机会，不妨放弃说服他的念头，暂时同意他的看法，这样才能使交流继续下去。从而为自己赢得信任，创造机会，使交流的目的达成。

众所周知，任何交流都是有一定目的的，而想要通过交流达成所愿，前提是能使交流深入下去，而交流顺畅进行的保障就是进入良性沟通状态。因此，只有保证使交流进入这样的状态，才有可能让交流顺畅进行，使自己沟通的目的得以实现。

第八章　优势谈判：

FBI 告诉你如何能让谈判朝着预设的方向走下去

1

摸清对手底细，不做“冤大头”

FBI心理分析师指出，任何形式的交流都需要当事者具有敏锐的洞察力。只有了解对方内心的真实想法和目的，才能找出应对的方法。其中，语言运用得当至关重要。

谈判并不是简单的交流，而是一种让步的艺术。但也不是简单的你退我让，它需要谈判双方尽可能地在各方面达成协议。可以说，谈判者要在谈判中摸清对方的底细，才能让自己处于主动地位。但是摸清谈判对手的底细，并没有说起来这么简单。因为很多谈判者往往很难从对方的话语中找出自己想要的信息，而且经常会掉进对方的陷阱中，变成“冤大头”。

对此，肯尼迪学院营销学教授埃里克·布莱特劳表示：“谈判中正确摸清对方的底细很重要。”

因为惯性，人们在反复进行一项工作的时候，就会形成一种固定的思维，谈判高手往往能根据对方提出的要求以及对方的语言、态度等分析出对方的目标，这样就相当于掌握了谈判中的主动权。换言之，如果你在谈判中发现对方对你的思维很熟悉，能时时洞察你的思想，这时，你最好换一种谈判策略。比如，你可以要求找一个人代替你进行下面的谈判。因为对方不知道新的谈判者是什么样的谈判风格，所以对方针对你的谈判战术就失效了。因此，他们不得不重新制定谈判战术。而这时候则是反击的最佳时机。

事实上，更换谈判者是一种谈判战术，除了能打乱对方的策略之外，还可以借此摸清对方的目的。如果谈判者善于运用这样的策略，就能很好地摸清对方的意图，从而在谈判中出奇制胜，获得谈判的最终胜利。

美国史乐斯三兄弟共同打理一家企业，他们每次与对手谈判时，都会在不同的阶段分别上场。

通常，都是其中一个先与对方接触，提出非常强硬的条件。等到双方争执不下时，史乐斯一方便会提出暂时停止谈判。当谈判再次开始时，史乐斯三兄弟再派出另一人进行谈判。这时，第二个出场的人会针对对方的目标和态度，与对方认真较量。直到对方几乎无力应战之际再退出，换最后一人上场。

由于最后一人一直在旁边不动声色地观察对手，通过前两个回合的较量，最后一人基本上已摸准了对方的底牌。因此，最后一人上场后，过不了多久，对方迫于心理上的巨大压力就会做出让步，并在合约上签字。

在上述案例中，史乐斯三兄弟之所以能够取得谈判胜利，就是因为他们在谈判中不断地更换谈判代表，打破了对方的谈判步调。那么，面对谈判对手在谈判中更换谈判者这种情况时，谈判者应该怎么办呢？

首先，己方谈判者要保持冷静的头脑。在谈判中，谈判者可以先保持沉默，让对方先发言。在对方的发言中摸清对方的想法与态度，经过分析之后再提出自己的要求，这种后发制人的方式常常能收到良好的效果。如果这位谈判者比之前的谈判者更容易对付，你可以加快谈判步调，争取尽快与之达成协议；如果这位谈判者比之前的谈判者要难缠，你可以采取拖延政策，在谈判交流中摸清对方的底细，然后再研究对付对方的策略。

对方更换谈判者还会有一种状况，就是刚刚登场的谈判者不想谈之前的话题。遇到这种情况时，你可以坚持与对方讨论原来的话题，但是不要把注意力放在有争议的方面，不然很容易把谈判变成僵局。谈判者可以换个角度来讨论问题，这样可能会得到良好的效果。而对方换人也给我们传达出了一个这样的信息，即对方想要改变现在的谈判局面，这时候你可以慢慢试探对方的真实目的，从而摸清对方的底细。

肯尼迪学院营销学教授埃里克·布莱特劳告诉学员们：“摸清对方的底细其实并不是一件很难的事情，除了要对对方进行察言观色之外，只需要掌握一些摸清对方底线的技巧即可。如果我们能知道对方的底线，成功就离我们不远了。”

美国人向来重视谈判技巧，总是喜欢在谈判前就把自己的目标了解清楚，从来不主张无目标的行动。因此，美国人谈生意的成功率比别的国家要高。美国人在任何谈判前都会收集各种可能有用的资料，甚至是谈判对方的个人信息，包括出身、学历、性格爱好等。总之，针对这一切，他们都会做好充足的准备，以让自己无论在什么样的环境中都能处于有利地位。

一家美国公司曾与一家日本公司洽谈业务。由于在商场中，日本人一直被人们称为“圆桌上的武士”，他们谈判经验丰富，谈判方法灵活多变，所以美国人在面对这样的对手时，从不敢掉以轻心。于是，针对这次谈判，美国公司召集了公司里谈判经验丰富的人对当时的国际形势进行了解与分析，并结合两家公司的实际情况制定了适用的谈判方案。这个方案对谈判桌上可能出现的很多情况都进行了预测，并且列出了具体的解决方法。

美国人由于已经提前摸清了对方的底细，因此在谈判中一直处于优势地位。谈判一开始，按照国际商务谈判中的习惯，由卖家首先报价。而我们都知道，谈判中报价并不是一件简单的事情，它是一门学问，有很多技巧在里面。如果价格报得过高，就会把对方吓跑；如果价格报得过低，就会让公司产生很多不必要的损失，而对方会得到很多利益。

在这次谈判中，日本作为卖家先报了价。由于日本人对报价这门学问十分精通，首先报的价格是900万日元。而这个价格比当时国际上同等商品的价格高出了不少。如果美国人不知道国际市场上的价格，肯定会以这样的价格为谈判的基础，并在此基础上进行适当的讨价还价，然后就是成交。

如果真是这样，一定是美国人吃亏。如果美国人知道国际市场的价格，日本人也是有台阶可下的，因为在这之前，日本公司确实以这样的高价成交过。也就是说，即便美国人知道市场行情，提出这个价格的不合理，日本人依旧可以找出自己提出这样价格的合理解释，不至于让谈判陷入僵局。

实际上，美国已经知道了国际上的价格，也知道日本这次的报价是想试探他们而已，于是他们果断地拒绝了日本的这个价格。接下来，日本就采取转移话题的方法，不再与美国人谈论价格问题，而是开始介绍自己产品的功能与质量特点，想用这样的方法来支持自己先前的报价。但是，美国对于日本这样的策略并没有动摇，开始在提问中旁敲侧击，说出了日本国内该商品的行情。而在此之前，美国人就了解了日本国内几家同样生产该商品的公司的商品价格，所以他们有很大的选择空间。面对美国人的旁敲侧击，日本人后知后觉地知道了美国人的意图，因此故意给自己找台阶下——与自己的助手一唱一和，找了个适当的理由否定了自己原来的报价。并以请示上级领导为由，要求暂时停止会议，想要进行重新报价。

看到这样的情形，美国人也知道这轮谈判不会有结果。因此同意暂时停止谈判，给对方留时间思考接下来的行动。日本人认为美国人占有绝对的优势，为了与之合作，提出了让步。最终，美国人以优惠的价格赢得了此次谈判。可以说，如果美国人没有在谈判前摸清对方的底细，很有可能就会让日本人赢得谈判。

斯图尔特·戴蒙德曾经说过："认清对方之后再交易，一直是美国人的经商法则。"在谈判中美国人要求事事都清楚，遇到自己不懂的问题，他们一定要彻底地了解之后才善罢甘休。由此而言，在谈判中己方谈判者一定要认清对方的底细。

要想摸清对方的底细，谈判者首先要看谁先出牌。在谈判中，哪一方先出价，这个价格就是底线的参考价格。其次就是还价，谈判就是一种讨价还价，不管是谁先出价，都一定会讨价还价。通常，谈判高手不会接受对方的第一次开价。人们都知道这个价格是高于实际价格的，因此在谈判中一定要还价。

在谈判中，想要摸清对方的底细，我们就要通过对方的言行举止，找出对方的真实目的。

一次，有一批日本的商人去法国参观一家很有名的器材厂。法国器材厂的负责人很热情地接待了这批外国客人。他带领日本客人参观实验室时，一边耐心地为客人解答各种问题，一边认真地观察这些日本商人的举止动作。因为自己的这项技术在国际上很先进，所以为了防止有人借助参观的名义来盗窃先进的技术，不得不认真观察这些人的行为举止。

开始的时候，这些商人都还算老实，只是参观而已。但是在参观一种新技术形成的溶液时，法国公司的负责人发现，一个日本商人以认真观察溶液为名，把领带末端放进了溶液中。虽然这位日本商人可能是不小心，但这个细小的动作却被法国公司负责人察觉了。于是他叫来一名助理，悄悄地告诉他，让他准备一条新的领带。在参观即将结束的时候，助理捧着一条新的领带来到那位日本客人面前，礼貌地对客人说："先生请稍等，您的领带脏了，给您换一条新的。"面对对方的礼貌与热情，对方尴尬地换下了自己的领带。

其实，这位商人就是想利用这样的方法把先进的溶液带回日本进行研究，希望能以此找出配制先进溶液的方法。但是，因为法国公司负责人的细心，这一次的窃取行为在友好的气氛中被瓦解了。所以说，在谈判中，一定要注意观察对手的一言一行，因为很多信息都隐藏在对方的言行举止中。而我们或许就能从中找出很多对自己有利的信息。

可以说，作为一名优秀的谈判者，在面对大量的外界信息时，应该有敏锐的眼睛，找出对自己有利的信息，从而摸清对方的底细。因为，摸清对方的底细是取得谈判成功的第一步。

FBI心理专家指出，一个高明的谈判者，一定能从对方的一言一行中，获得很多对方隐藏的信息，并能运用语言技巧艺术地传达自己的意愿。

2

谈判陷入僵局时，可以适当转移话题

FBI心理分析师认为，在交流中如果碰到难以回答的问题，巧妙地转移话题是一个非常不错的选择。这样既可以避开不想谈的问题，又不会让对方觉得太尴尬。

曾经就读于肯尼迪学院的企业家桑迪亚公司执行总裁布拉德福德·奥伯韦杰说："毕业这么多年，我明显感觉到在肯尼迪学院学习的那些谈判课程，让我受益匪浅。"当媒体问及谈判带来的益处时，他幽默地表示："我能把一美元的资产，用45万美元的高价卖出去。这就是我从这门课程中收到的直接收益。"

对于谈判，奥伯韦杰提醒谈判者注意的是，在谈判中，转移话题是打破谈判僵局的最佳方法。

1988年，日本首相中曾根与前苏联共产党书记戈尔巴乔夫在克里姆林宫举行会谈。当时的谈话气氛很紧张，期间戈尔巴乔夫还用拳头敲打桌子，并很生气地说："日本有人说只要日本经济不断发展，苏联就一定会屈服于日本。我想说的是，不管怎样，苏联是不会屈服的！"此话一出，中曾根也坐不住。他用强硬的语气反驳说："两国加深交往是最重要的，而阻碍两国建交的，就是北方的领土问题。这个问题形成的原因就是斯大林向属于北海道的岛屿派遣军队。"中曾根的这些话让会谈陷入了更紧张的气氛。但之后中曾根平复了一下自己的情绪，语气缓和地说，"我是东大法律系的毕业生，而你是莫斯科大学法律系的高才生。我们都是法律系的毕业生，应该知道国际法对此的相关规定。按照国际上的惯例来看，日本的主张是正确的、合理的。"

闻听此言后，戈尔巴乔夫不再那么激动了。他微笑着说道："正是因为我不适合当法律家，所以现在成了政治家。"这样的话其实就是转移话题的技巧。戈尔巴乔夫巧妙地避开了中曾根话题中两国的冲突，缓解了当时会场的气氛，也缓解了双方紧张的关系，让谈判得以继续进行。其实，谈判双方就是因为代表了各自国家的利益，谁都不想轻易让步，所以才使谈判的气氛趋于紧张的，甚至有时候还会引起唇枪舌战。然而，真的到了无可避免紧张气氛的时候，谈判中的一方总能巧妙转移话题，或者讲个小笑话，让紧张的气氛得到缓解，致使谈判顺利进行。

从上述案例中可以看出，转移话题是谈判中化解僵局，化解紧张气氛的有效方法。但是，转移话题是有一定难度的，需要谈判者对语言有很好的驾驭能力。有时候，话题转移不好，虽然也能暂时缓解紧张气氛，但是对于己方却是没有什么好处的。

谈判是为了维护自身利益。所以，即使转移了话题，也不能忘记自己的目的。需要注意的是，转移的话题虽然不是主题，但是必须是与主题相关的。不管绕了多少圈，谈判者都要做到形散神不散。转移的话题可以根据具体情况选择，但要遵循就近原则，不能不着边际。

FBI心理学研究人员发现，人在紧张的心理状态下，突然听到一个不一样的话题时，他就会很容易把注意力转移到这个话题上去。在两国洽谈会上，有些国家的代表被另外一些国家的代表步步紧逼，但是他却总能用“关于这件事，先生说得很有道理，但是在这之前……”“正如您所言，这是一个很重要的问题，但是我们换个角度来看……”不慌不忙地转移话题，而这样的语句往往就能转移对方的注意力。

其实，这样的转移话题就是一种非常有效的谈判技巧。而政治专员可以说是熟练运用这种技巧的专业人员。通常，场面越紧张，转移话题这一方法越是能发挥作用。在紧张的谈判时，这个方法也产生出奇制胜的效果。在谈判中，人们经常会遇到一些很难正面回答的问题。不回答会产生尴尬气氛，回答了又会让自己处于不利地位。如果这时候能巧妙地转移话题，就能让这样的状况得到改善。

英国前首相威尔森在进行竞选演讲的时候，一个人突然跑出来打断了他。这个人大声地批评威尔森的演讲，并把他的演讲贬得一文不值。面对这样的捣乱者，威尔森没有生气。他微微一笑，然后很平静地对那位先生说：“先生，我们马上就要谈到您说的脏乱问题了。”这样一句幽默的话，不仅打破了尴尬的局面，也让全场人都笑了。而那位捣乱的先生则是哑口无言地退了下去。

除了可以应对不想回答的问题之外，转移话题还可以应对谈判中情绪过激的人。谈判是一个说服人的过程。在说服过程中，除了要抓重点，采用合适的方法之外，还要小心对方的情绪。人是一种情绪动物，情绪也就意味着非理性。在谈判中面对非理性的回答，巧妙地转移话题是很必要的。

当你在谈判中发现对方的情绪不稳时，可以暂时抛开你们谈判的主题，提出另外一个话题，来缓和双方的气氛，以免对方的情绪过于激动，引发双方的争吵。但是要注意选择的话题不要与主题毫不相关，这样当你想要把话题拉回来的时候，就会显得有些力不从心。对此，奥伯韦杰表示，谈判中应对对方的情绪很重要。如果对方的情绪出现异状，就不要继续步步紧逼，可以将正谈判的话题先转移到一些轻松点的话题上，让紧张的情绪喘口气，这样才能保证谈判顺利进行。

FBI探员在审讯过程中，非常关注犯罪嫌疑人的情绪状态。当他们发现对方情绪发生波动时，会适时地转换话题，让其紧张激动的情绪得以缓解。

3

把握时机，更容易赢得谈判胜利

FBI心理分析师认为，在谈判中，如果形势对你有利，就要趁热打铁，争取速战速决，快快结束谈判。

可以说，谈判是没有公平可言的。谈判中存在很多因素，会影响谈判中双方的地位，进而使一方在谈判中占据优势地位，另一方处于弱势地位。如果谈判者在谈判中处于弱势地位，就要想办法减少对自己的不利因素。谈判虽然没有公平，但是时间对每一个人都是公平的。人们对它的态度决定了它的价值。肯尼迪学院市场营销教授大卫·贝尔坚信，在谈判的时候，当形势对你有利时，尽快地结束谈判才是谈判者的明智之举。

美国一个偏远的小镇上，有一个由10个农民组成的类似于法院的组织。按照当地规定，无论什么样的判决，都要经过这10个人的全部同意才能成立。有一次，小镇上发生了一起案件，该组织中的9个人都认为被告有罪，只有一个人坚持被告无罪。因为意见不一致，所以案件一时间陷入了僵局。虽然9个人想要说服不同意的那个人，但是对方却固执己见，不改变自己的观点。一天过去了，依旧没有结果，虽然那9个农民很疲惫了，但是对方还是没有让步的意思。

就在大家一筹莫展的时候，天气突变，一场大雨就要来了。那时候正值秋收，每家都有粮食在院子里晒着。那9名农民都为自家晒在院子里的粮食焦急，所以他们希望尽快结束这个案件，回去收粮食。在这种情况下，那9名农民中的代表对对方说："老兄，快要下雨了，你就不要再固执了，我们的粮食都在外面晒着，赶快解决这个案子回家收粮食吧。"那位坚持被告无罪的农民见他们都这样焦急，更加坚定了自己的立场，坚持认为被告无罪。而那9名农民看着外面的天气很是着急，在对方坚持的情况下开始动摇。一声雷声之后，那9名农民终于坚持不住了，开始改变自己的立场，转而认定被告无罪。

由此可见，谈判的时机很重要。在上述案例中，那名持有不同意见的农民正是抓住了谈判的时机，才取得了谈判的胜利。很多谈判之所以没有成功，并不是谈判技巧用得不好，而是在使用技巧的时候没有找到合适的时机。

大卫·贝尔曾说过："谈判不是一蹴而就的事情，它分为很多步调，其中的每一步都要在最佳时机下进行，这样才能步步为营。如果时机把握不好，可能谈判还没开始你就已经处于下风了。有时候，即使你们很有可能就要达成协议了，但是因为没有掌握好时机，错过了对你有利的签约机会，那么就不得不要面对他的讨价还价。最后让出一些利益之后才能达成协议。所以说，好的时机在谈判时是很重要的。"

在谈判时选择适当的时机看似简单，但却不是一件很容易的事情。

因为时机出现的时间并不是固定的。而且你在谈判前根本就不知道有什么样的机遇出现。这就需要你用心观察整个谈判过程，找出最佳时机，做出正确的反应，从而让谈判顺着你的思路发展下去。

第二次世界大战时期，德国装甲部队逼近英吉利海峡，就在快要切断英军退路的时候，希特勒命令他的地面部队暂时停止进攻，要求改用空军战斗。英国军队抓住这个机会，完成了大撤退，保留了一定的军事实力，而德国却因此失去了一个很好的战机。

在上述案例中，希特勒最后之所以战败，其中一个因素就是他错失了良机。所以说，在谈判中谈判者一定要抓住时机，利用对自己有利的时机来适时结束谈判，让谈判结果对自己有利。对谈判者来说，有时候时机比才能还要重要。许多有才能的谈判者之所以在谈判中会失败，就是因为没有把握好时机。那么，在谈判时，到底什么样的时机是对自己不利的时机？什么样的时机又是对自己有利的时机呢？对此，斯图尔特·戴蒙德总结出了以下对谈判者有利的谈判时机：

（1）对方心情愉快的时候

人在心情愉快的时候会变得比较容易接受条件。所以，要想使谈判顺利一些，可以选择在对方刚刚谈成一笔大生意的时候去约见对方谈判。即使那笔大生意与你无关，你向他提出一些条件，他也会答应你的。

（2）别人倒霉的时候

人在倒霉的时候，心情会格外低落，并产生一种消极的情绪。这时，谈判者若抓住这个时机与对方谈判，很有可能会取得谈判的成功。因为此时对方在谈判中没有太多力气与你讨价还价，所以这时候要想达成一份对自己有利的协议是很有可能的。

（3）对方刚上任或者即将下台时期

刚上任的人一般都急于表现，想要干出些事情来，让自己站稳。有时候企业不会对刚刚上任的人有很高的要求，甚至只是希望他能达成有利润的协议就可以。所以，这时候是一个达成对己方有利协议的好时机。同理，即将下台的人不会再让自己为这些事而费尽心机，因此，他也不会斤斤计较，只要能维持现状，他也会同意在谈判中达成协议。

（4）对方比较忙的时候

在现实生活中，谈判时机无处不在。比如，小孩子在想让父母同意为他买东西时，可以选择父母很忙的时机。这时候，父母正在忙于某件事情，没有多余的时间来与孩子争辩。所以，当家长被孩子的要求磨烦了的时候，就会答应孩子的要求。

而谈判也是同样的道理，对方在忙碌时不会想要再分散自己的精力去应付其他的事情，所以这时与他们谈判比较容易达成目的。

总之，谈判时抓住良好的时机，谈判者就可以让自己取得谈判的胜利。如果你是买家，可以在对方急于出售商品的时候，与对方讨价还价，以一个对自己更有利的价格成交。可见，时机能给谈判者带来利益与成功。不过，这还要看谈判者会不会把握时机。

FBI探员指出，在谈判时一定要抓住有利于自己的时机，对对方展开进攻，这样就会使对方在无暇顾及的情况下，做出妥协和让步。

4

营造良好的谈判氛围

FBI心理分析师认为，营造好的谈判气氛非常关键。因为良好的氛围下，可以使很多问题在更为轻松和谐的环境下得以解决。

肯尼迪学院桑德拉·希尔教授曾经说过："一场成功的谈判活动，除了看你的对手是谁，还要看谈判的气氛。"任何一种商务谈判，都需要在一定的气氛中进行。谈判环境是由气氛的变化而形成的，它直接影响到整个谈判的过程和成败。所谓的气氛，是由谈判双方各自表现出来的态度而决定的。一般来讲，谈判气氛是多种多样的：有热烈的，也有冷淡的；有积极的，也有低迷的；有友好的，也有对立的；有轻松的，也有紧张的……不同的气氛会形成不同的谈判环境，也会对谈判结果造成不同程度的影响。因此，肯尼迪学院的教授提醒学员们："对于谈判者来说，不仅应该了解谈判气氛对谈判的重要影响，还必须懂得营造一个良好的谈判气氛，去影响谈判的整个运作。"

FBI提示谈判者要想营造一个良好的谈判气氛，应该在谈判开始时就采取行动。比如在开局时，不要向对手提出一些棘手或敏感的问题，应该以轻松的话题打开谈判的大门。多谈论一些双方共谋发展、双方的共同利益等能引起对方情感共鸣的话题。此外，也可以谈一些双方都有兴趣的题外话，以提升友好氛围，创造感情上的相互亲近。当然，谈判自然免不了争论。双方使用技巧和策略也是谈判的必然，但是要以谦和、友善为基础，这样才能营造和保持和谐的谈判气氛。如果在谈判的开局，双方就形成了良好的气氛，那么对谈判过程中的沟通交流，就会起到良好的影响。

当戴蒙德得知自己将被派往法国进行谈判工作时，心里非常激动，因为这正是他所期望的。一周之后，戴蒙德登上了前往法国的飞机，此次商务谈判为期半个月。飞机抵达法国国际机场之后，戴蒙德很快走下了航梯。迎接他的是两个衣着考究、态度和善的法国人，他们先深深地拥抱了戴蒙德，然后又友好地和他握手。

迎接戴蒙德的两个法国人，帮他顺利地通过了海关，然后三人坐上了一辆豪华的轿车。戴蒙德舒服地靠在座位上休息，他看了看那两位迎接他的法国人，并没有和他一起坐，而是挤在前排的小座位上。这使他在心理上得到了很大的满足感，感觉自己受到了重视和尊重。但他还是问其中一位法国人："你们为什么不和我一起坐，你们这样坐不觉得拥挤吗？况且，后面的位置很宽敞。"

这位法国人毕恭毕敬地回答道："不！您是我们最重要的客人，远道而来，在飞机上就没有好好休息。此时，我们应该提供宽敞的场所，让您好好放松一下。"戴蒙德对这位法国人的回答非常满意，自然也就对谈判对手产生了好感。

由上述案例不难看出，法国人的举动为此次谈判顺利进行，打开了一个良好的局面，建立了良好的气氛。戴蒙德的此次谈判旅程表明，谈判气氛对谈判进程是极为重要的。良好的谈判气氛，对谈判顺利进行能起到重要的作用和影响。因此，肯尼迪学院的教授认为，谈判学员需要灵活运用谈判技巧，营造良好的谈判气氛。只有创建一个真挚、轻松、友好的谈判气氛，才能产生期望的谈判结果。

事实上，人们从以往的商务谈判的结果来看也可以发现，良好的气氛能促使谈判顺利进行。所以谈判双方都愿意在一个良好的气氛下进行洽谈。反之，恶劣的谈判气氛，会对整个谈判造成不良影响，尤其是谈判的开局。如果一开始，你就向对方提出一些锋利、苛刻的问题或条件，那么就难以营造友善的气氛，甚至会给对方留下一个恶劣的印象。

其实，大部分商务谈判最终的结果都是朝着共赢方向发展的。因此，根据共赢谈判模式的要求，谈判双方需要在洽谈之前就奠定友好基础。也就是说，首先要建立一个友好的合作气氛。有了这个良好的开端，接下来的谈判也就会变得顺利许多。当然，除了开局气氛之外，双方谈判前后，以及整个谈判过程的交流，都会对谈判气氛产生影响。但是，最主要的影响还是开端，它对谈判过程的影响最为强烈。那么，如何才能建立一个良好的谈判气氛呢？肯尼迪学院的教授告诉谈判学员，通常应做到以下几点：

（1）需要行动和谈吐的相互配合

心理学家认为，人的心理状态，会从自己的语言和行为中表露出来。因此，谈判人士在参加谈判活动时，应把行动和谈吐密切配合起来，做到行动不慌张，谈吐有涵养。否则，只会将自己的弱点泄漏给对手。

有些谈判者认为，在谈判中说一些与谈判内容无关的话题是没有必要的，其实并非如此。实际上，双方在闲聊的过程中，就已经在互相传递信息了。因为，对手闲聊的姿态，可以反映出对方的心理状态。这样一来，谈判者就可以从中分析，对手是信心十足，还是优柔寡断；是兴致勃勃，还是兴趣缺失等。当然，谈判者也要保持行动和谈吐上的轻松。否则，你就等于在第一步就输给了对方。

（2）自然的形象，是建立良好气氛的有利武器

除了谈吐和行为动作之外，谈判者的形象也是至关重要的。因此，谈判者一定要穿着符合自身形象或符合企业形象的衣服，颜色不要太显眼，但一定要美观、大方、整洁。虽然各地的风俗习惯不同，穿衣打扮也各不相同，但是整洁在任何场合都是必要的。所以，谈判者一定要着装整洁。此外，在谈判紧张的过程中，谈判者切记不可随意拉下领带，解开衬衫的纽扣或卷起衬衫衣袖等动作。因为这样会透露出你此刻非常紧张。况且，这样的行为也会让人觉得太过随意，没有规矩。整洁不仅仅体现在衣着上，也体现在面容上。譬如，胡须需要刮干净等。

（3）将消极因素转化为积极因素

谈判者应该把消极因素摒弃，或者转化为积极因素，使气氛变得更加友好、和谐。这样才能使谈判朝着创造性的方向发展。其实，形成谈判气氛的时间往往比较短暂，可能只是几分钟，甚至是几秒钟的时间，就能形成谈判气氛。因此而言，谈判者在谈判时传递出积极因素非常重要。它不仅能成为谈判目标实现的推动力，还能提升谈判的气氛。所以

说，谈判中如果出现了消极因素，谈判者就应该把消极因素转化为积极因素。

当然，谈判气氛的营造也要因人而异。不同类型的谈判者，能营造出不同的气氛。但谈判者需要铭记的是，有利于自身的气氛，才是适合自己的，也是谈判者最应该营造的气氛。不过，肯尼迪学院的诸多教授通过商务谈判实践证明：大部分谈判气氛都是介于两个极端之间的，也就是紧中有松。所以，谈判者需要根据实际情况营造适合的谈判气氛，以便使谈判得以顺利进行。

一个好的谈判者，一定懂得如何让谈判气氛按照自己预设的方向发展，而这都有赖于语言技巧的运用。

5

谈判中的语言艺术

FBI心理专家认为，要想避免谈判时出现分歧，谈判者就要把话说清楚，掌握好说话的艺术。谈判中的语言与一般的语言有很大的区别。谈判是双方观点的互换，谈判者需要清楚地表达自己的思想，还要认真地倾听对方的话，然后根据对方的观点，用适当的提问找出突破口，说服对方认同你的观点。肯尼迪学院著名教授桑德拉·希尔总结出了以下的谈判语言技巧：

首先，语言要有准确性。谈判的目的是利益，而在谈判中双方都想说服对方接受自己的观点，为己方赢得利益。语言关系到自身的利益，因此，把自己的观点准确地表达出来是至关重要的。如果你表达的信息不准确，那对方就不能正确理解你的想法，甚至会误解你的需求，影响接下来的沟通和交流，影响谈判正确的发展方向，甚至会达成错误的交易，给双方带来损失。

其次，说话要有针对性。想要取得谈判的成功，谈判者就一定要遵循这个原则。针对性指的是根据谈判对象的不同，采用不同的说话方式。由于人们的年龄、职业、兴趣、性别等各不相同，所以会产生不同的说话习惯。男性与女性说话方式就不同。男性说话的时候比较理性，而女性则比较感性；不同性格的人，说话方式也不同。性格直爽的人喜欢直接的谈话方式，而性格含蓄的人说话则拐弯抹角。如果在谈判中忽视这些个人差异，只是按照自己的说话方式来说话，就一定会影响双方的关系，从而影响谈判的顺利进行。

再次是语言上的灵活性。在谈判中一定要仔细听对方的话，然后根据自己分析出来的结果灵活地调整自己的语言。谈判是面对面的交流，没有很多思考的时间，并且谈判中会出现很多突发问题。即使在谈判前做好了充分准备，也无法预测到突发事件。因此，面对突发事件的时候，谈判者就需要有灵活的应变能力。不要局限于谈判前制定的策略，要结合实际，适当地改变策略。

最后就是语言上的适应性。在谈判时，谈判者说话一定要注意语言环境，包括时间、地点、背景等因素。语言环境很大程度上影响着语言表达的效果，而不同文化背景对语言的理解可能会出现偏差。

FBI心理专家认为，在坚持以上原则的情况下，想要更好地运用语言，说话方式就是关键了。生活中，我们想要强调某一点的时候，大多会用停顿的方法。事实证明，这是一个很有效的方法。实验证明，人在说话的时候，隔30秒停顿一次，既可以加深对方对自己所说的话的印象，也可以给对方提供提问或者回答的时间。此外，在谈判中适当地重复、适当的语气变化也可以让对方对自己所说的话加深印象。总之，在谈判中想要拥有良好的谈判效果，就一定要注意说话的方式。

一家商场中有个小店，里面有咖啡和牛奶两种饮品。开始时，服务员是这样招待顾客的：“您好先生，喝牛奶吗？”或者“先生，喝咖啡吗？”那段时间销售业绩总是一般。后来，老板让服务员换一种问法：“先生，请问您喝咖啡，还是喝牛奶？”这样一个小的语言变动，就让这家小店的销售额大大增加。原因是，第一种问法经常会得到不喝的回答，而第二种可以让人们对饮品有一种选择。显然，这是提问的智慧。希尔针对此总结出了几点提问的技巧：

（1）明确自己想要问的是什么

提问的人首先要知道自己想要问的是什么。如果你想要对方给你很详细的回答，那么你的问题一定也要具体化。此外，提问时的用词也很重要，谈判者在提问时一定要认真考虑措辞，避免采用咄咄逼人的词语，使谈判陷入尴尬境地。而想要让问题产生效果，在提问之前一定要做好充足的准备与思考。

在思考和准备的时候，我们要考虑到问题提出后对方会有什么样的反应，是否能达到自己的目的。在必要的时候，还可以陈述一下自己提出这个问题的理由。

（2）选择适当的提问方式

提问的方式不同，得到的回答可能也不同。比如在谈判中有人问：“你们的报价太高，你觉得我们能接受吗？”这样的问话明显有讽刺以及威胁的意思。它反馈给对方的意思是，如果不降价，我们就没有合作的可能。这样强硬的态度会给对方留下不好的印象，甚至会让对方终止谈判。但是，如果换一种方式，这样问：“你们的价格超出了我们的估算，有商量的余地吗？”很明显，第二种说话方式很平和，容易让人接受。

（3）注意对方的个人特点

如果想要对方愿意回答你的问题，就要根据对方的性格特点来提问。如果对方是一个直率的人，你的问题就要简洁；如果对方爱挑剔，那么你的问题就一定要周密。这样才不会让对方对你的问题产生反感。那么，在回答对手的问题时，我们应该注意什么呢？

首先，不要毫无保留地回答对方。可以用一些不确切的答案来回答对方。希尔认为，谈判时毫无保留地回答对方提出的问题，是一种不明智的行为，因为这样的回答大部分是对对方有利，而对己方无利的。更值得注意的是，回答的时候要知道什么该说什么不该说。比如对方问你打算买多少他们的产品，如果你们想要购买的数目不利于讨价还价，那可以告诉对方你们购买的数目可以根据他们的优惠条件来定。

其次，不要马上回答对方。在回答问题前，要考虑对方的意图是什么，特别是一些可能会暴露自己目标的问题，一定要谨慎对待。在对待一些不能回答的问题时，可以巧妙地转移话题，等到时机成熟了再说出自己的答案。

最后就是在回答对方的追问时，可以想办法让对方失去追问的兴趣。谈判时，提问者在提问的时候都喜欢乘胜追击，采用连续提问的方式提问。这样的方式对回答者很不利，很有可能会让回答者落入提问者的圈套。所以，在回答问题的时候，要尽量让自己的答案使对方没有继续追问的可能。最佳方法就是在回答问题时避免提及自己的原因，尽量多说客观理由。比如，如果对方认为你们的交货日期晚，可以告诉他是因为运输等问题引起的，而不要说是自己的公司有什么问题。

在谈判中，讨价还价现象时有发生。有时候，对方提出的要求与自己的预算相差太远，这就需要己方巧妙地拒绝。但是如果拒绝得过于生硬，就会影响双方的关系，影响谈判的顺利进行，使谈判陷入僵局。聪明的拒绝方法就是要让双方都觉得有回旋的余地，最终达成协议。

希尔告诉学员，谈判者可以用幽默的方式委婉地拒绝对方。因为采用幽默的方式来拒绝对方的不合理要求，是一个行之有效的方法，这可以巧妙化解因生硬的拒绝而造成的尴尬气氛。语言是沟通中的关键，在谈判中一定要注意表达方式要委婉。因为双方处于对立地位，只有委婉的语言才能让对方愿意接受谈判的条件。

FBI探员指出，在谈判时让对方清楚自己的目的很重要。但同时在谈判过程中还要注意语言的使用，应该直接时就要直接表达，应该委婉时就要委婉表达。只有恰当地表达自我意愿，才更易于让他人接受。

第九章　合理说服：

FBI 告诉你说服有技巧

1

如何说服一个人接受你的指示

在侦办各类案件中，FBI探员经常会与各色人等打交道。为了让那些与案件有牵连的人，主动讲出他们所了解和掌握的信息，FBI探员也要费一番心思对他们进行说服工作。训练有素的FBI 探员个个都是洞察力极强的人，他们总是对当事者不漏声色地细心观察，然后作出判断，再进行说服。

说服一个人是为了更好地拉近彼此之间的心理距离。而想说服对方顺从自己的意愿，就需要掌握一定的心理暗示术。很多心理学家认为，说服一个人，需要观察对方的心理活动，并且据此安排下一步的计划，然后不动声色地让对方跟随自己的思路走。只有这样才能更好地说服一个人，让彼此之间的心理距离变得更近。

实际上，要想让对方顺从自己的心愿，不能只是简单地让对方按照自己的心理意愿去实行。这不是取决于你的智商，也不是取决你的运气，更多的在于你是否能够洞察到对方的心理活动。然后抓住对方的心理，利用心理暗示的力量来不动声色地让对方跟随自己的思路。

或许人们会问："该如何洞察别人的心理，运用心理暗示呢？"FBI心理学家提醒人们："人心各不同，莫以己心度人心。"所以要想成功地运用心理暗示的方法，就不能一味地运用自己的心理来掌控别人的心理。要想说服别人也是一样，要运用距离法则来进行心理暗示。不能直接地去说服一个人来顺从你，也不能疏远他来影响你的行动，重要的是要注重自己在对对方心理活动的把握上。只有恰当地把握了对方的心理活动，才能准确地运用心理暗示的方式来说服别人，拉近自己与他人的心理距离。

有些人在说服别人的时候总是将自己具有的一些特性，比如观念、思想以及个性等强加在别人身上，而且认为对方也与自己有相同的特性，这在心理学家眼中是一种不可行的方法。这种按照自己的思维来影响别人的方式，其实缺乏一种客观性，这样的人不能客观地对待人们的心理。心理学家弗洛伊德曾经说过："不要用你的心理观念来衡量他人。"在说服别人，让对方顺从自己的时候就更不能用这样的方式，这样可能会事倍功半，甚至是事与愿违。只有正确且客观地把握住对方的心理活动，才能让对方不动声色地跟着你走。

1964年，美国海军学院的毕业生吉米·卡特在一次演习结束之后，遇到了当时的海军上将科弗将军。将军看到这个出色的小伙子，不禁想起了当年的自己，于是他让卡特来谈谈自己的事情。卡特想让将军欣赏自己，于是想用自己的丰功伟绩来试图说服将军，让将军看重自己。所以他自豪且高昂地说起自己在海军院校的情况——成绩是全学校八百多名毕业生中第五十八名。说完他自信百倍地看着上将，认为上将一定会很看重自己。但是这却并没有引起上将的好感。

当时上将其实并不接受成员这样的自夸。而且身为上将，他更不希望看到自己的成员用这样的方式来赢得他的欣赏。所以，上将反问道："很好，虽然你的成绩看上去不错，但是我想知道你真的尽力了吗？"卡特有些吃惊地说道："是的，我已经尽了最大的努力。"但是上将却说道："你如果真的尽力，为什么没有考第一名？"这句话让卡特非常不安和羞愧，他的脸霎时红了。卡特完全没有想到原本是自己想要来说服上将，赢得上将的欣赏，但没想到却被上将说了一通。尽管如此，卡特还是从上将这里学到了很多东西，受到了很多启示。从此以后，他不再以自己的想法和心理活动来试图影响和左右别人了。他学会了应该怎样真正地利用他人的心理活动来正确客观地说服别人。最终他成为美国第三十九任总统。

事实证明，想要说服别人顺从你的心愿，就需要在心理上进行适当的暗示，然后让对方不动声色地跟随你的步伐前进。

世界石油大王洛克菲勒年轻时曾经进入一家石油公司工作，但是在这里他却得不到人们的重视，他脑中有很多想法也都得不到老板和管理人员的欣赏。有一次，他又在说服工厂负责人让其进入车间工作。那时候，洛克菲勒只能待在最外围的焊接油桶盖的地方看管那些油桶盖。车间主任说："你没有任何的工作经验，而且我们现在不缺人。你还是乖乖地待在你的工作岗位上好好工作吧。"洛克菲勒刚想要说什么，负责人又接着说道："别想要试图说服我，没有门路的。"为此，洛克菲勒非常苦恼，连续几天都没来上班。

过了几天，他忽然顿悟："既然让我在外面看管那些油桶盖，那么我就好好研究油桶盖。说不定能够从中发现什么，到时候有成绩了再说服他也不迟。"后来，洛克菲勒返回了工作岗位，并且仔细地观察油桶盖。即使碰到负责人时，也不再像以前一样贴上去想要通过各种说法来说服他，而只是微微一笑。这一举动让这个管理人员有了一些惊奇，他甚至还特地观察了洛克菲勒一段时间。发现这个小伙子非常刻苦且用心地工作，每次都是最晚走。管理人员这才松了一口气。

洛克菲勒经过仔细研究发现，每个师傅在给油桶盖进行焊接的时候，都是用39滴焊接剂。但其实每个桶盖只需要38滴就足够了，这样一来每个油桶盖就能节省一滴焊接剂，长久下来能够节省一笔不小的费用。他第二天就对管理负责人说了这件事情，管理人员当时很惊讶，并对洛克菲勒产生了很大的兴趣。但是，当时并没有进行实践，他让洛克菲勒拿出最终的实验证明。洛克菲勒笑了笑，心想："看来我的这个发现已经引起了主任的兴趣，我一定会说服他的。"于是他经过认真研究，最终成功地用38滴焊接剂就焊接好了一个油桶盖，这让管理负责人大吃一惊。后来，洛克菲勒正式成为了一名工人，并且在这个岗位上越来越出色，最终成为石油大王。

其实，洛克菲勒只是用了一个简单的方法，使管理负责人顺应着他的意愿走下去，那就是在心理上进行暗示。洛克菲勒由于之前频繁地去请求负责人给他调职，但是都没有效果。所以他采用了回转的方式，引起管理负责人的好奇心，这就是说服他的第一步。心理学家罗森菲尔德认为，引起一个人的好奇心，就已经完成了说服他的一半。随后，管理人员更是对洛克菲勒刮目相看。洛克菲勒还用一种心理暗示的方法，让这个管理人员感到进一步的惊讶和好奇。最终用行动和暗示成功说服了管理主任，让自己得到了晋升和发展的机会。

由此可见，说服一个人，让其顺应你的意愿也是拉近人们彼此心理距离的一种方式和体现。而在这个过程中，心理暗示起到了非常重要的作用。观察对方的心理活动，恰如其分地运用心理暗示，让对方不动声色地跟随你的步伐前进，这是任何人都想要得到的一种心理战术，这将对处理社会关系非常有帮助。

FBI心理分析师指出，在说服他人时，要做到不露痕迹地引导对方跟着你的思维走。当然，前提是你对对方的心理有充分掌握。

2

说话时加入数据，表达会更准确更直观

FBI犯罪心理分析专家认为，想要说服他人，必须掌握一定的相关资料，这样在说服时才能做到有理有据。

西方思想史上的重要人物托马斯·卡莱尔曾有言："人们应该尝试用数字说明一切。"数字可以是最简单的1、2、3，而在其背后所代表的也可能是最深奥的计算与公式。数字具有非凡的说服力。所有人都不应该忽视它带给人们的那种精确、细致、权威的感觉。正是不断地计算与实践，才让数字显得更为真实与具体。当他人为我们提供了一组数据后，我们的脑海中会立刻形成一幅具体的图像。实践的成果、实践的前景很快就在我们的脑海中显现出来。尤其是出现多组数据对比时，这种感觉就更为强烈。可以说，就像是两个不同身高的人站在一起，高低立显。

所以，如果我们能在说服他人的时候加入具体的数字，就能够将事情清晰地展现在对方面前，从而大大增加自己说服对方的成功率。

1922年，有一位女议员的演讲震惊了美国，为女性获得平等地位作出了很大贡献。这个女人就是来自纽约的贝拉·伯朱格，她的演说词中有这样一段话：“在大约一个月之前，我在国会倾听总统针对全美国所发表的一篇讲话。在我的周围，有700多位议员落座。而我听见总统这样说道：‘在座的各位，是整个美国政府中的所有政治要员和内阁成员。’可是我环视着我的周围，悲哀地发现，在700多名政治要员之中竟然只有12人是女性。而在435名议员之中，女性也不过只占了11个席位。更为悲哀的是在内阁成员中，女性所占的比例是0。在最高法院中这个数字也没有任何改变，还是0！”

贝拉·伯朱格仅仅用了几组数据的对比，就已经非常明显地向美国民众甚至是世界民众表明了女性在政坛上仅有如此微弱的影响力。政坛上尚且如此，生活中女性的地位又能高到哪里去呢？这些数字很好地说明了她的观点。而且不管你是支持还是反对，你都无法去否定她，也无法否认在社会中女性的地位的确没有男性高。整个社会都存在着严重的歧视女性、男女不平等的社会现象。

这就是数字的力量，它意味着决然地不容人狡辩的事实。经过数字的对比，你才知道情况是有多么触目惊心，你也才会从此刻起重新重视起你原本就知道但是从没有深究过的问题。这些具化了的数据，比任何语言都更有效，比任何说辞都更能激发你对一件事情的关注。因此，在说服中我们要恰当地加入一些数据来增强自己的说服力。

通过运用数据，我们可以将那些平常难以感知或者认识不足的事情，讲解得更为形象生动。而且通过具体的数字，也能增强对方对我们所说内容的印象与对我们的信任。

运用数字虽然能够增强你的说服力，使你的言辞更显真实可信，但在运用时也要注意以下一些问题。

首先，在运用数据之前一定要准确查证，保证你所运用的数据是真实的、准确的。如果你的数据出现问题，它将失去数字原本的作用。不仅不会增强你的说服力，反倒会让对方觉得你做事不够严谨。更有甚者，如果对方认为你是在存心用虚假的数据来欺骗他们，就更是得不偿失了。有些时候，你明明已经确认数据的准确性了，但还是会出问题。这是因为社会是变化的，一些调查、一些比例也会有所变化，你所提供的数据自然也会随之变化。所以，要不断更新自己的数字储备，达到与时俱进、客观和精确。

其次，在使用数据之前要分析数据的典型性与代表性。如果它没有较大的影响力或者没有和重要的人或事件有关，对方就不能从根本上相信你所说的话。只有拿出些公认的、有较大影响力的数据，才能够起到写实的效果。

最后，万事都有度。数字虽然好用，但也不能滥用。正所谓“好钢用在刀刃上”，不要让数字出现的次数抵消了数字出现的效用。

人们往往都对数字对比有特别深刻的印象，如果能够在说服的过程中巧妙地加入数字来达到锦上添花的效果，你的说服力一定会得到很大程度的提高。FBI探员认为，在说服的过程中，如果能拿出真实可信的数据，就会让对方对你说的话进行认真客观的思考和分析。

3

打说服战要以“服”为主，以“说”为辅

FBI心理分析师指出，说服他人的最高境界是让他人心悦诚服地接受你的建议。做到这点需要说服者对被说服者进行充分了解，知道他所期望的是一个什么结果，这样才能找到说服的办法。

在我们的生活和工作中，有效的沟通和交流基本上可以解决任何事情。一个人如果想要成功地说服他人，让他人接受自己的建议或观点，那么就必须会说话。这样才能保证沟通没有障碍，才能最大限度地让人接受自己的观点。但是，到底什么样的表达或者内容，才能算作是“会说话”呢?

在打“说服战”时，最重要的是要对方“服”，并不是“说”。“说”的重点就是要将对方说得心悦诚服，这样你才能把握好“说服战”的节奏，才能掌握打赢“说服战”最关键的方法和技巧。因此，只有你说出的话能让人心服口服了，才可以说是会说话。

说服他人，必须用心。只有站在对方的立场上，将心比心，明白对方的心思之后，才能牢牢地抓住对方的心，以最快的速度说服对方。

只有知道对方的所思所想，才能达到“本其意攻其心”的目的。在很多人看来，人心十分虚无缥缈，并且异常复杂，让人很难猜透他人在想什么。事实上，人心也很简单，只要我们能做到将心比心，就能够非常容易地了解到对方在想什么，需求的又是什么。这样就会让说服过程变得非常简单。

在跟人进行沟通和交流时，我们都希望别人可以听从我们的观点。因此，很多时候，我们都在不遗余力地表现自己，企图让自己的谈话内容更加丰富多彩，让人更容易接受。但是，我们不能忘了重点是什么，不能只想着让语言优美丰富，而将可以使人产生信服的内容抛诸脑后。

在我们的现实生活中，口才好的大有人在。他们对任何人讲话都可以不知疲倦地说下去，但是却不能成功地说服他人。这是什么原因呢？就是因为他们将说服两字拆开来说了，分成了“说”和“服”。他们重视的是“说”，却将“服”给完全忽略掉了。

世界上任何事物都没有完全相同的，就连雪花也都是形态各异，更何况具有高等智慧的人。任何人都有各自的特点，他们的需求也都是各不相同的。一个人生哲理，放在这个人身上适用，但放在另一人身上却未必合适。钥匙的外形都差不多，但它仅仅可以打开与它相对应的那把锁。因此，想要成功地说服别人，那你就必须了解说服的要点。要将话说进对方的心里，让对方打心眼里认同你的观点。这就要求你一定要做到“说”和“服”不分家。“说”是外在的有形的，而“服”却是内在的传神的，因此，“服”才是打赢“说服战”的关键所在。

在第二次世界大战期间，有一个国家专门为士兵推出了一种保险。

保险规定，如果士兵在每个月都可以交给保险公司10元充当保险金，那么有一天这个士兵牺牲了，他的亲人就可以得到10万元的赔偿金。部队的高层都认为这样能为士兵们免去他们发生意外后的抚恤问题，士兵们一定会抢着购买。

因此，部队的高层下达了一条命令，让各级军官对士兵们讲解这种保险所带来的好处，鼓励大家踊跃购买。但所取得的效果却大大的出乎了部队高层的意料。

这种保险在部队内部传开之后，军官们竭尽所能地对士兵们进行讲解，告诉他们这种保险的种种好处，但最后购买这种保险的士兵却没有几个。出现这样的情况，部队高层十分费解。

通过详细调查之后，他们才了解其中的关键所在。士兵们的观点都十分简单，那就是在缴纳保险金之后，如果他们顺利地从战场上下来，那么每月交纳的保险金无疑就是白费了；如果他们运气不好，牺牲在了战场上，那么这10万元就完全没有了用处。因此，很多人认为，与其浪费钱财做这种毫无意义的事情，还不如用这钱买包烟抽、买点酒喝来得爽快。战场的情况瞬息万变，谁也不能确定自己有没有机会支撑到最后，没准哪天想喝酒和抽烟了，却再也没有机会了。而这些就是士兵们内心最真实的想法。

明白了事情的前因后果，为了保证士兵们可以得到最大的利益，为了让他们自愿购买保险，部队高层专门从外面请来了一位非常厉害的谈判高手。

这位谈判高手没有滔滔不绝地讲一些长篇大论的大道理，只是对着广大士兵犹如聊天似的简单说了几句："伟大的战士们，你们清楚保险对你们来说的意义吗？你们了解保险对你们会起到什么样的作用吗？比如你们购买保险之后，在战场上光荣牺牲了，那么你们的家人将会得到10万元的赔偿金；如果你们没有购买保险，牺牲在了战场上，那么你们的家人只能得到政府给予的少得可怜的几千元钱的赔偿金。你们设想一下，部队愿意派遣那些牺牲之后，仅仅赔偿几千元钱就可以了事的士兵打头阵呢？还是愿意派遣那些牺牲之后，却需要承担巨额赔款的士兵打头阵呢？其中的道理，我想大家都很清楚，就算我不说什么，大家也是明白的。"

这位谈判高手的讲话内容很简洁，但是却说到了大多数士兵的心里。于是，士兵们开始一批批地购买保险。

部队军官们好说歹说，费尽口舌，自愿投保的士兵却是寥寥无几；而谈判高手如此简单的几句话，却使得大多数士兵都改变了初衷，纷纷购买保险，这是为什么呢？

原因很简单，就是因为谈判高手所说的话，让士兵们口服心也服。上战场的先后顺序，往往会决定着士兵们是否可以占据更优势的战争条件，自然生还的概率也就会变得大不一样。而士兵们最在意的事情就是如何才能在战争中保护自己，让自己更好地活下去，最后平安地回家与亲人团聚。谈判高手就是牢牢地抓住了这一点，才能成功地说服士兵。让他们认识到，付出10元钱，得到的不仅仅是巨额赔款，更是平安归来的机会。

这就是谈判高手睿智的一面，他之所以能说服士兵投保，就是因为他真正地摸清了说服技巧中的规律和精髓。

其实，在任何时候，说服他人最重要的都是“服”而不是“说”。如果我们将重点放在了“说”的上面，那么我们面临的将会是失败、失败、再失败，永远也无法明白说服之道的精髓所在，只能是在“说服战”上一败涂地。

因此，要想漂亮地打赢“说服战”，就必须将重点放在“服”上，以“说”为辅，这样才能保证你在“说服战”中战无不胜。

FBI心理专家指出，想要说服他人，首先要站在被说服者的立场上想问题，这样才有可能赢得他的信赖，并愿意顺着你的思路去思考问题。

4

多关注对方的事，不过分表现自己

FBI探员在说服他人的过程中，非常懂得让对方的心理得到满足，这对于说服的顺利进行有很大影响。

在生活和工作中，我们需要保持积极的心态。要有“人往高处走”的心态；也要有容人之量，有“水往低处流”的博大胸襟。有时候，稍微低下头，去满足别人的优越感，才会将你的人格魅力渲染得更高尚，而你的品质也才能得到提升。

我们遇到事情的时候，要懂得收敛，不能自高自大，目空一切。要知道，只有摆正自己的位置，才能更好地保护自己。而满足他人的优越感就能够很好地掩饰自己，让他人接受自己。

虚荣之心，任何人都有。没有人不喜欢别人称赞自己，更没有人愿意低人一头。在我们与人交谈时，要适当地满足一下对方的优越感，这样就会使谈话氛围变得更轻快。而交谈的双方也都会感觉非常愉悦，从而增进双方的感情，拉近双方心理上的距离。

“高处不胜寒，曲高和寡”，在现实生活当中，人们往往都喜欢自命清高，觉得自己是高人，是与众不同的。一句赞美，一番惺惺相惜，就可以极大地满足对方的优越感，打开对方的心门，从而为成功地说服对方打下基础。

在人际交往中，如果想要应付自如，实现自己的目标，有一点是必须要做到的——在人际交往中，必须懂得随机应变。有些时候要懂得掩饰自己的锋芒，装傻充愣，让对方感受到自己的优越。适当地装傻充愣并不是有损尊严的事，这样可以在人际交往中如鱼得水，挥洒自如。

在与人交谈时，我们往往会遇到这样的人，对方的口才特别好，巧舌如簧，但是说出的话总是让人感觉不舒服，让人感觉他很嚣张。这样的人，很难让他人接受他的观点和意见。因为他们总是在想着表现自己，让他人知道自己的能力很强，总是显摆自己，觉得自己比别人高一头。想通过自己的极致表现，让对方赞美自己，但结果却总是出乎他们的预料。

自大狂妄的人往往不招人待见，这样的人在与人交往中，最终都会落得孤家寡人的下场。而谦逊和善的人，在人际交往中往往能如鱼得水。

苏格拉底曾经这样说过：“如果你想要众叛亲离，那么就表现得比任何人都优越；如果你想要朋友满天下，那么就要表现得谦逊豁达。”

如果你表现得比朋友优越，那么在他们心里很可能会产生一种自惭形秽的感觉，甚至会演变为嫉妒。但是，如果你稍微低头，表现得卑微一些，那么他们就会感觉到他们很重要，从而表达出对你的亲近。可以说，这样的情况放在任何人际交往中都是适用的。

在工作中，如果想要得到上司的重视，就不能一味地表现自己，锋芒毕露。而要懂得韬光养晦，学会恰当、真实地展现自己的才华。这样才能得到上司的赏识。但很多时候，人们都会陷入一个误区之中，就是在错误的时间和地点奋力表现自己，企图让别人重视自己，但却一点都不知道收敛，狂妄自大，最后总是在莫名其妙中被疏远。

任何人都想表现得与众不同，以便得到同事的认可以及上司的赞许，这确实需要通过表现自己的能力来获取，但是，万事都不能太过，表现过头了，只会适得其反。同事之间一般都处于一种或明或暗的竞争关系中，如果我们过度地表现自己，那么必然会引来同事们的反感，引起大家的排斥和疏离。

卡耐基曾经说过：“只懂得在他人面前拼命地表现自己，让别人重视自己的人，永远不可能得到能够交心的朋友。”任何人都有自己的自尊心，也没有人喜欢输。因此，我们在处理事情的时候，一定要充分地考虑对方的心理活动，要给予对方足够的重视与尊重，而将自己争强好胜的心理压制下来。

如果遇到与自己有着相同爱好或特长的人，而对方的表现欲望比较强，喜欢争强好胜，那么我们最好的应对办法就是退让一步。就算在对方能力没有我们强的情况下，依然要做到这一点。这样才能与对方和平相处。

但是，如果对方一味地逼迫，我们也不能太被动。因为我们一味地退让，很可能让对方对我们产生一种轻视的心理，这样他就会变着法地来打压我们。所以，在适当的时候，我们必须展现出我们的才能，让对方认识到我们并非庸手。

而在我们能力远超对方，让对方感到不如我们，表现得比较自卑时，我们应该主动地与对方和解，让对方重拾优越感，这样对方必然会对我们心服口服，异常钦佩。从而主动与我们搞好关系，和平共处。反之，如果总是想着表现自己，就会使别人对我们产生敌意，从而使自己遭受冷落。

乔丹效力于公牛队的时候，队中的皮蓬可以说是乔丹最强的竞争对手，因为他被公认为是最有希望超越乔丹的人。皮蓬年轻气盛，总是想表现出自己比乔丹更优越，并时常在眼神中表现出对乔丹的不屑，还经常在跟队友聊天的时候，说乔丹不如自己，他一定会顶替乔丹的位置等等。

但是乔丹听到这些事情之后，并没有表现出任何不高兴。非但没有打压和排挤皮蓬，反而对其加以鼓励。

有一次，在比赛完休息时，乔丹笑着问皮蓬："你觉得咱们两人的三分球，谁投得更好一些？"

皮蓬听后有些不高兴地说道："你这不是明知故问吗？反正不是我。"

当时，根据比赛数据显示，乔丹的三分球成功率为29.2%，而皮蓬的三分球命中率则为27.3%。虽然差了仅仅2个百分点，但是实际距离却是相当遥远的。乔丹听后，微笑着说道，"不，你错了，你投三分球比我投得要好很多。因为你投球时的动作要比我规范、自然很多，并且你也很有天赋。因此你投三分球的技术会越来越好，而我投三分球却存在着很多改变不了的缺点。"稍作停顿，乔丹又接着说道，"我在扣篮的时候，一般都是用右手，虽然左手也可以，但是远没有右手熟练。而你却是左右手都投得一样好。”

对于这样的细节，皮蓬自己都不了解，但是乔丹却能够娓娓道来。乔丹的这种无私精神让皮蓬大为感动。从此以后，他们两人成了关系非常好的朋友。正是乔丹的这种无私精神，使得公牛队的凝聚力空前强大，从而击败一个又一个球队，创造出许多后人难以超越的神话。

乔丹的球技值得别人重视和尊敬，但是他那无私奉献的精神更值得人们重视和敬重，就连他的对手也不例外。

事实上，不管我们的能力有多强，总会存在不足的地方。在生活和工作中，保持低调，将优越感让给别人，是一种大气度的表现。这样做，不仅可以使自己显得更加理智和大气，还能赢得他人的敬重。而也只有这样做，才能在说服别人时，更容易得到别人的好感，让说服变得更顺利。

FBI心理分析师告诫人们，低调行事很重要。尤其在说服他人时，更要保持低调的风格，这样才有可能赢得被说服者的好感，愿意听你把话讲下去。

5

对方觉得自己重要，才会愿意主动参与交流

FBI探员就算在面对犯罪嫌疑人时，也经常会表现出一副以对方为中心的样子，以博得对方的好感，缓解交流的紧张气氛。

不管是在日常生活中，或是在工作中，说服力都可以帮助我们解决很多事情。它可以使我们在最短时间内实现我们的目标和计划，可以决定一件事情的成败。在工作上，超强的说服力可以让我们的工作变得更加轻松，可以让我们有更多的时间去做其他的事情，可以让我们得到同事和朋友们的尊重和支持。而通过说服，能让别人根据你的意愿行事，你就能成为朋友圈中举足轻重的人物。

说服所产生的力量是巨大的。而让我们感到庆幸的是，说服的力量并不是天生就有的。说服的能力也不是固定的，它作为一种技能，可以通过后天的学习和锻炼来获取或者提升。这就如同写字一样，通过认真学习和不断练习，你就可以学会，并且熟练运用。然后你就可以通过这种能力来影响你身边的人，让他们自愿去支持你和帮助你，这样你就能更容易地解决掉你所忧虑的事情或者问题。

在你说服别人时，无论过程如何，最终只会产生两种结果：一是你成功地说服对方，让他按照你的观点或者意愿行事；二是你被别人说服，按照对方的观点或者意愿去办事。两者必然需要选择其中的一个。其实，有很多人还认识不到在人际关系的交往中，都隐藏着一个复杂烦琐的说服，然后被影响的过程。正是由于没有认识到这一方面，很多人经常都是在帮助别人做事，而不是别人在帮助自己做事。

在人与人的交流过程中，每个人都希望自己的观点能得到对方的重视与认可，这种渴望就激励着他去做到更好。因为只有让自己的观点内容更丰富、更具感染力，才有可能让他人认可和接受。

任何人都希望体现出自己的重要性，都希望能得到他人的尊重（这是人们的心理需求在发挥作用）。如果我们可以为他人提供他们需要的帮助，那么对方就会认为我们是有可利用价值的，回应我们的态度就会更加积极，这样也会让我们感觉到自己存在的必要性和重要性。

很多时候，人与人之间的交往都是将心比心的，你如何对待别人，别人就会如何对待你，只有你尊重别人了，别人才会尊重你。

在人们来到世界上之后，便有了被关注、被关怀的渴望，如果你满足了他的这种心理需求，就会成功地激励他产生更大的热情，从而使他接受你的意见和观点，依照你的意愿行事。

曾经有一家通信公司做过这样一项调查，调查内容是在人与人的交流中哪一个词使用的次数最多。调查结果显示，在300对交流者中，“我”这个词使用率最高，使用的次数最多，达到了5680次。这样的数据说明，无论任何人，或者是处在任何情况下，人在自己的内心中都是以自我为主的，都认为自己才是最重要的。

从事哲学研究的学者认为，“让别人关注自己”是人们内心深处永远不会磨灭的渴望。如果你想要在说服他人的过程中，保持融洽的谈话气氛，与对方尽兴畅谈，那你必须给予对方足够的关注。必须重视对方，这样他才会感觉到自己在谈话中的重要性，才会积极地与你谈话，让你有机会了解到对方更多的信息，从而使你更加顺利地说服对方。

在心理学家看来，不管是什么样的人，做什么样的职业，年龄多大，只要有自己的独立意识，就会拥有一个共同的心理需求——感到自己是重要的。说服高手在说服他人时，会在第一时间回应这个信号，让对方感觉到自己很重要。从而让说服过程变得更加顺利，最后成功地说服对方接受自己的观点，按照自己的观点行事。

在说服他人时，我们应该激励对方去谈论他自己。这样就会让对方感觉你对他很有兴趣，很重视他。你向他传递出这样的信息后，他就会对你产生浓烈的亲切感，对你产生信任，从而使你的说服过程变得更加顺利。

当别人因为你的关注而得到鼓舞的时候，不只是代表着他会积极地投入到谈话当中，同时也表明对方接受了你所表达出来的善意情感。

如今社会中的各种竞争日益加剧，太多的人想要成功。但想要获得成功就必须付出相应的努力，因此就需要做太多的事情。大多人都是整天东奔西跑，疲于奔波。时间长了，人们的性情就会产生很大的转变，变得越来越急躁，对自己兴趣之外的任何事情，都表现得漠不关心。他们急于表现自己，想将自己的观点说给别人听，让对方关注自己，重视自己。

这样的人一般都是想要让对方以“简短、直接、快速”的方式叙述对方的观点，而他们自己却以口若悬河、滔滔不绝的方式炫耀自己的口才，进行长篇大论的讲述，想要在对方的心目中植入一种“他很强”的感觉。

心理学家认为，每个人都有或多或少的自我吹嘘意识，都比较喜欢讲述自己辉煌的时刻。所以，我们在说服他人时，要激励对方谈论自己，并耐心地听他们讲述。这样会让对方投入更多的激情来进行谈话，更可以得到对方的理解和信任，并可以让对方吐露出内心最真实的想法。

关注对方，让对方感受到你的重视，这样就能让对方感受到自己存在的价值，让你的说服过程变得更加轻松。

任何人都有倾诉自己心中所感所想的渴望。当我们试图说服他人时，不妨当一名倾听者，这样能在情感上给对方莫大的激励。能静下心来认真地听对方说，才能更详细深入地了解对方的真实意图和对方说话时的心情以及对方所表达的信息，这样可以让对方更愿意将谈话进行下去。

因此，最好的说服方法并不是你“巧舌如簧”“口若悬河”，不停地与对方谈话，长篇大论地讲大道理。而是激励对方多讲多说，自己则耐心倾听。只要我们满足了对方被重视、被尊重的渴望，就能得到他内心的认可，而我们的说服也会因此事半功倍。

FBI心理专家指出，只有给予别人应有的尊重，让别人感到自己很重要才能赢得别人的信赖。因为，任何一个人都希望自己被尊重。哪怕他做了不该做的事，将要面临法律的严惩，他也同样需要感到自己很重要。

第十章　把握分寸：

FBI 告诉你要尽量多关注他人

1

以他人为中心，对自己点到即可

FBI心理专家认为，交流是相互的，因此，在与人交流时不要只讲自己的事情，也要关注到对方，给对方更多说话的机会。

每个人都拥有自己独特的表达方式和习惯。如果每个人都根据自己的想法来为人处世，以自我为中心，那么就不可能拥有一个和谐的人际关系。因而在生活中，要学会倾听让人，对自己的事点到为止。不要以自我为中心而不顾虑他人的感受，忽略他人的存在，否则别人也会选择忽略你的存在。

人人都有自尊，而且也渴望获得他人的尊重。而尊重他人最好的办法就是不要以自我为中心，要时时顾虑到他人的感受，这样让别人感觉到自己被尊重，也会由此充分地尊重你。然而在生活中，我们总是容易走入以自我为中心的对话模式中，常常忽略了他人的想法，从而导致交谈的不愉快。如果能够在与人交谈的过程中，充分掌握别人所想，聊到对方所感兴趣的话题，那么对方就会很积极地响应你，从而达到谈话的目的。

在现实生活中，一般情况下，上司与下属交流时最容易犯这种以自我为中心的错误。他们因为自身的职务，容易养成发号施令的习惯。作为上司，如果能够从下属的角度充分考虑问题，那么他将在工作中获得更大的成功。反之，如果上司不懂得体恤自己的下属，那么他将会失去人心，在工作上也会碰到更多的难题。

当一个人获得较高的荣誉或社会地位时，往往会有一种高人一等的心理。这时人就很容易为名利所惑，不自觉地说话做事都会以自我为中心，最后得到的却是对方的不屑。

一个人无论有多么伟大的成就，对任何人都应该平等相待，始终拥有一颗谦虚的心，不能以自我为中心。如果一个人为自己的成就所迷惑，那么他是注定要在某个地方栽跟头的。特别是当双方处在对抗中进行谈判时，一定不能以自我为中心，要从对方的角度出发进行谈判。通过先抑后扬的方式来进行反驳，在他人没意识到的情况下就对其观点进行反驳，从而使你获得真正的主动权。

艾瑞克是一家电器公司的推销员，一次，他到一家生产工厂去推销电机。

然而这家工厂之前就买过艾瑞克所在电器公司的电机，但是电机的温度经常超过正常的发热指标，使得这家工厂的总经理对艾瑞克的推销十分反感。一看到艾瑞克便十分不客气地说道："你们的电机有问题，竟然还敢来我们工厂推销？"艾瑞克向使用他们电机的工作人员详细了解了情况，发现事实并不如那位总经理所说。但是艾瑞克却没有急着反驳，而是决定顺着这位总经理的话接下去，从总经理的角度出发来说服他，让他自己改变态度。

于是，他微笑着对这位总经理说：“威廉先生，我仔细了解情况后，觉得您说得有道理。如果电机发热过高，那别说再卖给您了，就是之前卖给您的那些也应该退货。”

“这样当然更好。”总经理赞同道。

“然而，电机肯定是会发热的。但是如果我们的电机温度超过国家定下的标准那肯定是不行的。”总经理再次同意了艾瑞克的看法。

再次得到总经理的肯定后，艾瑞克又问道：“按照国家规定的标准，电机的温度可以比室内温度高72度是吗？”

“是的”，威廉先生答道，“可是你们的电机温度明显高于国家规定的指标，这热度简直让人无法触摸！”

“那么威廉先生，您的工厂生产车间温度大概是多少呢？”艾瑞克又问了另一个问题。

“大概有75度吧。”威廉先生想了想答道。

“这就对了，威廉先生。电机本来就72度，车间又有75度，两者加起来一共有140度左右。请问如果你用手去触摸140度高温的东西，会不会把手烫伤呢？”

威廉先生不情愿地点点头。

艾瑞克又趁机说道：“那么，威廉先生，如果您以后不用手去触摸电机的话就没事了。您放心好了，电机72度的热度绝对正常，不会影响车间生产机器运转的。”

威廉先生想，说的也是，只要电机热度不影响机器运转，就没有问题。

就这样，威廉先生在艾瑞克一系列问题的诱导下，不知不觉地否定了自己原先的观点，消除了对艾瑞克所推销的电机的疑虑。艾瑞克在这场谈判中不仅取得了成功，维护了公司的名声，还做成了一笔生意。

由此可见，在交际过程中，特别是双方在矛盾的对抗中进行谈判时，更要注意说话方法。其中一方一定要摆正态度，不能以自我为中心一味反对对方的说法，要适时地退让一步，给对方的情绪“降温”，才能使得谈判双方趋于理智地解决问题。

每个人都有自己的优点和长处，都希望获得别人的肯定和赞美。如果一个人因为自己所具有的优点与长处而自视甚高，说话做事都以自身为出发点，看不到别人的闪光点，那么这种人一定得不到他人的好感。不要总是以自我为中心，要善于发现他人的长处，多让别人谈自己的看法，以让别人有种备受尊重的感觉，这样别人就会对你好感倍增，从而使你获得别人的青睐。

正如FBI心理分析师所指出的那样，只有让别人感受到被尊重和重视，才能赢得他人的好感和信赖，交流才能顺利进行。

2

批评应把握尺度，不可过分

FBI犯罪心理学专家告诫人们，不要轻易去指责和批评他人，就算对方有需要改正的问题和缺点，也要尽量以委婉的态度向对方提出自己的建议。

每个人都会有自身的优点和缺点，当你发现别人的缺点时，不能无视别人的面子当面批评，这样容易触及别人的自尊心。说话一定要给别人留情面，否则会使别人对你产生不满情绪，导致人际关系的不和谐。成功的为人处世，要善于发现对方身上的优点，多称赞、鼓励，而尽量少批评，让批评的话语烂在肚子里。

很多生活中的例子都显示，人人都害怕受指责。因批评引起的羞愧感常常使得人们情绪大为低落，且对解决问题没有丝毫的帮助，甚至还会使得情况更糟糕。

人与人相处，尽量不要批评对方。那样容易伤害到他人的自尊，引起别人心里的不满。席勒曾经说过：“无论谁都有自尊心，自尊心很重要，如果你伤害别人的自尊心就是与人为敌。”然而生活中谁都免不了会犯错误，当别人犯错误需要指正时，不能以粗暴的责备方式来解决问题，使用委婉的批评来使别人意识到错误所在，往往会起到事半功倍的效果。

卢比太太十分喜欢种花，她想在自己的花园里盖一座花房，于是请了几位年轻工人来到家中工作。头几天，这些工人做事比较随意，将院子里弄得到处都是木屑，使得花园乱七八糟。卢比太太见此没做声。等他们结束了一天的工作后，年老的卢比太太便自己悄悄地将这些木屑扫到了院子的一角。

第二天，等工人们再来工作时，卢比太太高兴地对这些工人说道："年轻人，谢谢你们把我的院子打扫干净。我年纪大了，行动不怎么太方便，你们帮我盖花房后还帮我把院子打扫得这么干净，真的十分谢谢你们！"

这些年轻的工人们听后心里十分奇怪：我们干完活儿就走了，根本没有打扫院子，甚至还把院子弄得有点乱，卢比太太说的是怎么一回事呢？但他们也没有否认卢比太太的话，而是尴尬地对卢比太太笑道："这是我们应该做的。"

自这天后，这些工人每天干完活儿都会自觉地将院子打扫干净。卢比太太的一番做法善意地提醒了这些工人，使得他们自觉地改正了自己的错误。试想一下，如果卢比太太在这些工人将院子弄得乱七八糟后，摆出一副雇主的姿态要求那些工人帮她打扫干净，那会怎样呢？恐怕这些工人根本就不会理会这位老太太。

语言的巧妙之处在于它的艺术性，能够帮助我们与他人进行良好的沟通，化尴尬为幽默，活跃我们的思维。在达到沟通目的的同时，使得我们获得一种心灵上的美感。

丹尼尔的秘书平时工作很认真，但是每次在打印文件时，都会出现一些标点符号的错误。他跟秘书说过几次，但都没有引起重视。一次，秘书递交上来的合同书又出现了标点问题。虽然是小错误，但是屡次提醒秘书都没有改正，这使得丹尼尔很生气。但想到上次已经批评过秘书一次，但秘书还是犯了同样的错误，丹尼尔觉得自己应该换种方式来提醒秘书。

于是，他并没有直接批评这位秘书的过错，而是将秘书叫到自己的办公室，向她询问起了工作情况。忽然，总经理话锋一转，对女秘书夸道："你的这身衣服很合身，显得你很精神、干练，一看你就是个工作认真的人。"女秘书脸一红，微微笑道："谢谢经理夸奖！"但丹尼尔话锋一转，又说道："另外，如果你以后能注意下文件中的标点问题，我想你的工作会做得更好！"说完便将合同中的错误指出给秘书看，这位秘书看到后再三保证，以后绝不会犯这种小错误。

面对下属犯的错误不得不加以批评以引起注意时，丹尼尔后来的做法不仅给秘书留了面子，又使她得到了教训，可谓是一举两得。用温和的方式指出别人的错误，不会引起对方的反感，效果也会好得多。那么，为什么直截了当地指出他人的错误时，会使得一般人普遍在心理上接受不了，而用一种较为巧妙的方式却能使别人心悦诚服呢？

这是因为一个人受到他人对自己的批评时，会觉得自己所认定的东西被别人否定了。因而产生一种焦虑，感觉自己的自尊受到了伤害，甚至会产生严重的不安全感。这使得受到批评的人即便认为对方说得有道理，也本能地会拒绝承认自身的错误。因此，我们在发现别人的错误时，不要直接指出别人的错误。直接指出别人的错误实际上就是在批评对方，没有人喜欢受到别人的批评。如果我们能换种方式委婉地指出别人的错误，就能达到帮助别人改正错误的目的，而且不会失去对方的好感。

那么，如何巧妙地指出别人的错误呢？

首先，要先控制好自己的情绪。发现别人犯下错误时，不能立刻劈头盖脸地责备。人无完人，每个人都会犯错误，也有这样那样的缺点，我们不能以完美主义的标准去要求所有人。

在日常交际中，如果自己没有正确对待别人的一些缺点，直言不讳地指出来，那么你就容易遭到别人的腹诽，对你产生不满，从而导致你与他人关系的不和。因此，一定要控制好自己的情绪，维护好自己与他人的人际关系。

其次，要采用正确的方式方法指出别人的错误。人人都有一颗敏感的自尊心，都喜欢听好话。虽说“忠言逆耳”，但如果在忠言上裹上一层“糖衣”，会使得对方更容易接受你的指正。

在西方的一些企业中，老板喜欢采用一种被称为“三明治”的批评方法。他们在指出下属员工的错误前，会对对方的长处加以赞美，然后再指出错误，最后再以鼓励性的话语结束谈话。这样就使得谈话一直保持在一种友好的氛围中，让下属员工在这种“三明治”的方式下更好地得到工作上的改进。

最后，用行动做榜样会使得批评更有说服力。我们要始终谨记，指出他人错误的目的是为了帮助别人改正缺点，更好地服务工作。有的人在指出别人的错误时，往往也要适时地反省自己是不是也有这方面的错误，不要只看到别人的缺点并加以指责，却看不到自己的弱点。只会说不会做的人，往往得不到别人的好感。批评是一面镜子，要在其中照一照他人和自己的是非、灵魂的美丑。懂得知行合一才能在生活中得到更大的收获。

FBI心理专家认为，榜样的力量比批评更有成效。如果属下做错了事情，除了给出适当的建议，更应该在工作中以身作则，成为他们效仿的榜样。

3

即使他人身陷囹圄，也不可讥讽嘲笑

FBI犯罪心理学专家指出，在人际交流中，不要用一些讥讽嘲笑之语对待他人。即便对方存在让你难以容忍的缺点和不足，也不要对他人采取不尊重的态度。

在当今物欲横流、时代节奏迅速的社会中，物质生活的丰富使得人们精神上倍感空虚。也许是隔膜太深，许多人都不轻易地流露出对他人赞许的情感，这使得人们更加渴望得到他人在精神上的慰藉。而生活中，因为社会地位的不同，人们往往对高一阶层的人恭维奉承，而忽略身边普通人的优点，甚至还有意无意地嘲笑讽刺他人。学会尊重他人，由衷地赞美他人，获得他人的好感，这样才会使得你拥有好的人际关系。

很多人大概都听过这样一个故事：一个独臂的乞丐来到一个庭院乞讨，这个乞丐很可怜，寒风凛冽的冬天他却衣衫褴褛，右手的袖子还空空地悬挂着，无论是谁看了，都会慷慨地施舍给他一点东西。然而，当他向这户庭院的女主人乞讨时，女主人没有给他任何施舍，却指着门前的一堆砖对乞丐说："你帮我把砖搬到庭院后面去吧！"

乞丐听后，生气地说道："你不施舍给我就算了，还忍心让只有一只手的我帮你搬砖！何必要故意捉弄我呢！"

女主人没有说话，只是自己俯身搬起两块砖，而且她故意只用了一只手将它们搬到院子后面。然后对乞丐说："你看，并不是一定要有两只手才能干活，我能用一只手，你为什么就不可以呢？"

乞丐愣住了，又看了看这位女主人，心里想：是啊，为什么我不可以，我只是比别人少了只手，难道就什么都干不了吗？于是他慢慢地开始帮女主人搬砖。由于他只有一只手，用力不平衡，搬了几块就累得满头大汗。但他一直坚持搬了两个小时，才把砖搬完。

搬完砖后，女主人给乞丐递上一条毛巾擦汗，并给他20块钱。说道："这是你凭自己的劳动赚的钱，不是乞讨来的钱。"

乞丐颤抖着手接过钱，感激地说："谢谢您！谢谢您让我明白了我的价值所在！"

若干年后，有个西装革履的人来到这座庭院，他气度不凡，像是标准的成功人士，但却少了一只手。他来到已经老态龙钟的女主人身旁，感激地握着她苍老的手说道："谢谢您，如果当时没有您，我可能在今天还会是一个乞丐。是您让我知道什么叫'人'，也是您让我知道什么叫作'尊重'。您对我既没有鄙夷，也没有施舍，而是用一个对待正常人的眼光看待我。"

一般人对待乞丐，要么会鄙夷地把他撵走，要么会怜惜地施舍他。但这个故事中的女主人面对乞丐的行讨时，既没有讽刺嘲笑他，也没有施舍他，而是像对待正常人一样对待这名乞丐，给了他人格上的尊重，从而使他懂得了凭借自己的劳动获取尊重。

在生活中，要平等地对待他人，不要因为别人某方面的缺陷就觉得自己高人一等。也不要以怜悯的心态去对别人，因为这也是一种人格上的不平等。讥讽嘲笑别人是万万不可的，它会导致人际关系之间的不和谐。只有在尊重他人的基础上，懂得欣赏他人的优点才能使得他人赞赏你的长处，从而使双方能够愉快地相处。

嘲笑别人会引起对方的敌意，但是赞美别人却会获得他人的好感。不仅如此，赞美还是招揽人心、谋求成功的秘诀。

研究表明，当人们获得来自社会和他人的赞美时，自身的自尊心、荣誉感得到满足，人们会情不自禁地感到愉悦和鼓舞，从而对赞美者产生亲切感。这时，彼此的心理距离就会因赞美而缩短，就能为成功的交际创造必要的条件。

在日常生活中，我们经常会发现，成功的领导从不嘲笑别人的缺点，却总是能发现别人的优点并加以赞美。发自内心的颂扬和赞美，是领导者团结下属强有力的工具。

著名的石油大王洛克菲勒就是这样一个不吝赞美的人。贝特·福特是帮助洛克菲勒创建石油王国的功臣之一，也是石油公司的子公司负责人。但是由于贝特·福特管理的子公司在南美进行投资时扩张过度，使公司蒙受了巨大损失，所以洛克菲勒的石油王国遭遇了历史上的“滑铁卢”之败。贝特·福特因此一直愧对洛克菲勒。

有一次，贝特·福特离开百老汇办公处时，发现洛克菲勒和他的一位助理走在后面。但贝特·福特没敢停下脚步跟他们打招呼，怕他们问及自己的痛处，于是他打算装作没看见他们快速离开。

但是洛克菲勒叫住了他，走过来轻轻地拍着贝特·福特的肩膀说："我刚听说你在南美的投资了。"

贝特·福特以为洛克菲勒肯定要责备自己了，怕洛克菲勒跟别人一样挖苦自己，于是他忙说道："这一次我的确损失严重，就算怎样不惜一切代价，我也只能收回60%的投资成本。"说完，深深地埋下了头。

然而，洛克菲勒却没有挖苦他太过贪心才导致投资失败，而是微笑着对他说道："做得好！贝特·福特，如果是我们，恐怕连这60%的成本都收不回来。有了你，我们还能够拿回一部分的投资，这已经很难得了。"

这就是洛克菲勒，在老伙计投资失败时，还能够鼓舞赞许别人。换作是别人，可能会挖苦、讽刺甚至责备。但他依旧用他善于发现他人优点的眼睛，看到了别人的闪光处，没有因为他人一时的失败而对其落井下石。

在处理上下级之间的关系时，上司对下属的赞美，不仅仅在于博取和巩固他人的忠心，更重要的是激发和维护他们的信心。促进他们对工作的上进心，这样会使得他们更好地为工作服务，从而获得更大的成功。讥讽嘲笑，只会使得他们对自己的能力感到自卑，这样根本不利于他们投入到工作中。

真诚的赞美是促进人际关系的润滑剂，而讽刺与嘲笑只会成为阻碍人际关系发展的魔鬼。每个人都有他的优点和缺点，也有得意和失意的时候。不论在任何时候，我们都要保持一颗善良的本心，不要恶意地讽刺嘲笑他人，要给予他人适时的鼓励和支持。这样，当你遇到挫折与打击时，也才会有人向你伸出友好的双手，给你帮助和鼓舞。

FBI探员认为，很多时候人际关系的不协调，往往就来自于言语的运用。不恰当的语言表达会给相互之间的沟通带来很大的负面影响。

第十一章　学会倾听：

FBI 告诉你会倾听才算会沟通

1

倾听让人愿意倾诉

FBI心理分析师认为，获得有用信息是与人交流的目的之一。因此，在与人交流时就应该给对方更多表达的机会，对方说得越多，你获得信息的机会也就更多。

可以说，认真倾听是对别人最好的尊重，也是最有效的赞美和认可。不论说话的人是你的朋友、亲人，还是公司的同事，倾听所起到的功效都是一样的。

著名的销售大师乔·吉拉德非常善于与人打交道，并且在每次生意做成之后，也总能得到顾客们的认可。其实他的秘诀就在于能够仔细地倾听客户的故事，进而在和客户的交谈过程中拉近彼此间的心理距离，赢得对方的好感。

《语言的突破》的作者戴尔·卡耐基告诉我们："当对方还没有说完的时候，你再说什么都无济于事。"因此，想要和他人进行良好有效的沟通，想要有力地说服别人，最首要的就是学会积极认真地倾听别人的话语。

认真倾听，可以加深人与人之间的理解和信任，同时也体现了一个人良好的道德修养和品德。

就在美国内战进行得如火如荼的时候，总统林肯焦头烂额，于是他就写信给在伊利诺伊州的斯普林菲尔德镇上的一位朋友，请他来华盛顿一趟。

在信中，林肯告诉他的朋友，他有一些问题想要跟他探讨。于是，林肯的这位老朋友来到了白宫。

在白宫，林肯就解放黑奴是否合适的问题和他的老朋友展开了论述。林肯详细分析了各种支持和反对解放黑奴的观点，并且谨慎认真地读了一些报纸上或信件中谴责他的言论。言论中有的赞成解放黑奴，还有的担心解放黑奴后会引起国内混乱。

这场谈话进行了几个小时。之后，林肯长舒了一口气，站起身来和他的这位老朋友握手告别，并派人把他送回了伊利诺伊州。期间甚至没有征求对方的意见。

实际上，在这次谈话的过程中，几乎都是林肯一个人在说，就好像只是为了舒缓和宣泄自己的心情。而在谈话之后，他似乎能够稍稍感到舒服一些。

林肯并没有真正征询朋友的意见，其实他所需要的只是一个友善平和的倾听者来让自己宣泄出心中的烦闷，使自己的心情变得舒畅。在遇到困难时，一个好的倾听对象可以让自己的情绪更好地宣泄出来，这样才会使自己重新恢复到工作中，充满激情地去继续奋斗。

可见，想要成为受人欢迎的人，就首先要做一个善于倾听的人。

而倾听不仅是一种态度，更是一种技巧。心理学家经过研究表明，越是善于倾听的人，与他人之间的关系就越融洽。因为在人们看来，倾听本身就是对对方的一种认可和赞美。能够倾听对方说话，就等于告诉对方“你是一个值得我肯定、认同的人”“你是一个我尊敬的人”。这样的人，又怎么会得不到大家的好感呢?

即使是像乔·吉拉德这样的大人物，在与人交往的过程中都丝毫没有摆出傲慢的姿态，而是恭敬地倾听别人的谈话，容易使对方对自己产生好感。

能够做到认真倾听他人讲话，做一个善解人意的人就必须要做到以下几点:

（1）听懂他人话里的重点。要抓住描述具体事实的关键字眼，这些字眼会透露出重要的信息，同时也会反映出他人的兴趣和情绪。透过这些重点的词语，可以了解到他人的喜恶，使其对自己产生信任的感觉。

（2）运用动作语言。在倾听的时候，要专注地看着对方，表现出全神贯注的神情。身体可以向对方微微地倾斜，同时可以适当地运用一些小动作来进一步地获得对方的好感。比如点头、微笑、轻声附和等等。但要避免跷二郎腿或者面无表情，也不能做一些不雅的动作，更不能做打哈欠、伸懒腰等懒散的动作。

（3）适时提问。倾听的过程中，为了避免过于被动，可以适时提出问题，这样可以表现出自己正在用心倾听。同时还能够满足对方的渴望被关注的心理，使对方更有兴趣将谈话进行下去。绝不能在倾听的过程中一言不发，否则会使气氛变得尴尬，也会很容易使说话者丧失交谈下去的兴趣。

只有善于倾听他人说话，才能做一个受人欢迎的人，赢得他人的喜爱和信赖。

FBI心理分析师指出，懂得倾听的人，人际关系大都比较好。因为他们在与人交流的过程中，认真倾听的态度，为他们赢得了更多的好人缘。

2

FBI 教你正确听取批评

FBI犯罪心理学专家通过对很多犯罪嫌疑人的研究发现，能够虚心接受批评的人，在工作和学习中进步很快。而难以接受批评的人，在出现问题时，往往喜欢推卸责任和迁怒于他人。

美国成功学大师戴尔·卡耐基曾说：“任何的批评、指责都会使人感到自尊受到了伤害，并且会使自己处于一种自我防卫的状态。因为批评和指责会极大地激起他的反感，促使他极力地为自己进行辩解。”人在受到批评指责的时候难免会想要为自己辩解，这也是人之常情。但是如果一开始就急于为自己辩解，找理由，结果可能就会适得其反，甚至会给人一种逃避责任、避重就轻的印象。事实上，面对他人的批评，最正确的做法是：虚心接受批评，积极着手解决由于失误所造成的不良后果，并把批评当作自己成长的助推器。

其实，人都是喜欢被人夸奖的，很少有人喜欢被别人批评，这是一个心态的问题。在工作中，上司的批评是对事不对人的，他们的批评是对我们的工作的一种建议和指导。善意的批评可以让我们了解到自己存在哪些缺点和不足，以便在日后逐渐地去弥补和完善。

可见，在工作中，只有真正搞清楚受到批评的真实原因，才能够准确地把握好情况，做到从容面对。

对此，成功学大师卡耐基认为，任何人都应该去虚心地接受别人的建设性的意见和批评。但是同时卡耐基也承认，每当真正有人去批评他的时候，只要稍稍不注意，就很可能会不自觉地想要为自己辩护。卡耐基说，事实上，每个人都喜欢听赞美，而不是批评，无论这些批评是不是客观。很多时候人都会被自己的情感所主宰，因此逻辑就会显得相对薄弱。

因此，可以看出，接受批评是一种很难培养的习惯。尤其是身在职场，被批评和指责是最窝火的事情。即使批评对了，当事人也会感到委屈。而批评错了，更是怒火万丈。

那么，在面对批评时，应该如何正确面对呢？

首先，虚心接受，认真对待。通常来说，老板不会将批评和指责下属作为自己的乐趣。因为批评是很容易伤和气的，老板在批评一个下属时一般也比较谨慎。不管批评得对与错，都表明老板对你的工作不满意，因此在被老板批评时一定要虚心接受，认真对待。此外，如果老板批评了你，你却不能够谦虚地对待，依然我行我素，把老板的话当作耳边风，那么就可能会触及到老板的权威和尊严，后果也会很严重。

一个合格的下属，就应该在受到批评的时候尽可能地保持虚心接受的态度，眼神也不能够随意地飘动，要尽可能地表现出专注的表情。如果在接受批评之后能够立刻明白所有的教训，最好在老板批评完之后将被指责的事情一一复诵，并且尽可能地陈述改善的措施或者方法，恳切地请老板指导。试想，一个下属不仅能够虚心接受老板的批评，还能够理解老板的苦心，心存感激，积极地谋求改善，这一点对于老板来说，是最难能可贵的。这样一来，即便是你真的做错事，老板也会因为你的谦虚而原谅你。因为老板能够在你的态度中看到自己的价值，也能够获得指导下属的满足感和成就感。

其次，面对批评时切忌满腹牢骚。如果想要老板觉得自己是值得信赖和培养的，最直接的一个表现就是愿意听取他的批评和教训。但是如果你不服气，还频繁发牢骚，那么这种做法产生的负面效应将会使你和老板之间的距离进一步加大，甚至会使关系恶化。

其实，有时候老板的批评和责骂也是一种忠告，还有鼓励和指引的意思。正所谓忠言逆耳，也可以将老板的批评看作是对自己的一种重视和鞭策。

第三，面对批评时切忌当面顶撞。有的时候，在公开的场合里，受到老板的批评指责时，自己难免会感到难堪，尤其是当你觉得老板的指责没有道理的时候。因此，在周围同事的众目睽睽下，你很可能会为自己的面子而失去了冷静，去反驳上司，以此来显示自己的无辜。可以说，这种情绪的发泄换来的很可能只是同事的一点同情，但是留给上司的却是更多的愤怒和斥责，因此最终受害的还是自己。

如果能够忍耐住，把老板的责骂当作是一场暴风雨，那么风暴过后自然就会平息。因此，如果能够审时度势，选择回避的方式，就可以轻松地化解这场风雨。实际上，一个精明的下属往往会压制自己的情绪化，客观冷静地看待是非，特别是在老板面前。

第四，不能把批评看得过重。经常会有这样的员工，在遭受到上级的批评和指责之后，就会像是霜打的茄子一样垂头丧气，充满悲观的情绪，把上级的批评当作世界末日一样。其实，他们都错在把老板的批评看得过重了。偶尔一两次受到批评并不代表自己就没前途，也不是自己的能力不够，因此没必要觉得悲观。老板批评你主要还是针对你所犯的错误，除了个别存在偏见的老板之外，大部分老板都不会针对员工个人。

要意识到，老板的本意是通过批评让你认识到自己的错误，避免下次再犯同样的错误。而并不是觉得你什么都不行，有针对性地对你进行打击。如果受到一两次批评就从此一蹶不振，打不起精神来，这样才会让老板看不起你，日后也就更不会再信任你、提拔你了。

第五，受到批评时不做过多的解释。受到老板的批评，反复地纠缠是没有什么必要的。如果你的目的仅仅是为了不受到批评，自然可以据理力争。但是试想，一个为了一点小错误而把老板弄得筋疲力尽的人，又怎么会受到重用呢？在美国西点军校里有一个广为传诵的传统，那就是在遇到军官问话时，只能有四种回答，即："报告长官，是！""报告长官，不是！""报告长官，不知道！""报告长官，没有任何借口！"除了这些之外不能多说一个字。在西点军校里，军官不需要任何的解释和借口，他们要的只是结果，而不是长篇大论、喋喋不休的辩解。

作为一名合格的下属，在遇到上级的批评时，也要明白这一点，那就是，老板看到的只是结果，他没有必要听你去解释为什么会出现这样的结果。对于下属来说，强大执行力的前提就是不找借口。不管做什么事情，都要记住自己的责任。无论从事什么行业，都要对自己的工作认真负责，不找任何借口去执行。

一个聪明的下属，是不会被老板的批评而搅乱心情的。他们往往会保持弹性和冷静，理性对待，虚心接受，巧妙处理，从而使自己有所进步。

FBI探员认为，一些性格不太冷静和理智的人，往往在受到他人批评时会很难接受，并会因此而引发激烈的情绪反应，甚至做出不该做的事情。

3

倾听对他人情绪的作用与影响

针对一些情绪型犯罪，FBI犯罪心理学专家指出，沟通是解决问题必不可少的手段，而倾听对于沟通来说有着非常大的意义。因为只有认真倾听他人的心声，才能发现问题的症结所在，从而找到解决问题的办法。

有一个美国人在飞机上遭遇惊险却大难不死，回到家后反而自杀了。究竟是为什么？那一天是圣诞节，一个美国人为了赶回家与亲人团聚，匆忙地从外地乘飞机往家赶。他一路上幻想着回家团聚的欢乐场面。但是岂料天气恶劣，这架飞机在空中遭遇了强烈的暴风雨，脱离航线。飞机在空中不停地颠簸，随时都有坠毁的危险。空姐按捺住心中的恐惧，吩咐已经被吓呆的旅客写好遗嘱，放在一个特定的口袋里。飞机上所有的旅客都在祈祷。就在这万分危急的情况下，飞机在驾驶员冷静的控制下安全着陆了，大家悬着的心终于放了下来。

这个美国男人回家后，异常兴奋地向妻子描述自己在飞机上遭遇的危险，而且还满屋子地叫着、喊着……但是，他的妻儿正沉浸在节日的喜悦里，对他的危险经历毫无兴趣。男人叫喊了一阵后，发现没有人听他说话，他劫后重生的喜悦与被冷落的心情形成了强大的对比。就在他妻子准备晚餐的时候，这个男人爬到阁楼上，用上吊这种最古老的方式结束了刚刚从惊险中捡回的生命。

人们需要沟通，更需要倾听。当人发现自己没有被人倾听时，所形成的痛苦无疑是一种巨大的打击。一个善于倾听的人在别人的心中其实是一个健谈的人，倾听是对他人关爱、理解的一种表现，也是调节彼此关系的润滑剂。在生活或工作中，每个充满烦恼或喜悦的人都有一种渴望，那就是被人倾听。而且希望倾听者能够给予理解与支持。可以说，倾听是世界上最美的动作。上述的故事中，这名美国男人的妻子就没有做到，所以导致了悲剧的发生。

在交谈中，倾听者与倾诉者在交谈中占据主动位置的往往是倾听者。倾听者的表现直接影响着倾诉者的情绪。比如上述故事中，由于男人的妻子对丈夫的倾诉表现出漠不关心的态度，这种态度导致男子的情绪恶化，做出消极行为。

管理咨询专家布瑞斯·巴勃在西点军校就读时，被战略指挥官选为连长。他从心里接受了这个职位，并且很投入。但这正是问题的所在，因为过于投入，他无法巧妙地进入这个角色。进入陆军部队后，布瑞斯开始反省自己过去的经历，并努力找出能够激励下属完成任务的方法。

后来他发现有一种方法总是能够起到激励的作用，赋予人们完成任务的欲望，那就是倾听战士们的意见。他总结出，最有效最省力的管理做法就是，召集所有的下级负责人，然后听取他们的想法。他通常采用这样的方式："我们的任务是到那里摧毁目标。我们现在在这里，你们是怎么想的？"

之后，就会有人提出："你看，我们之前一直在这些标记处绕来绕去，累死了，我知道有一条便捷的路线。"毫无疑问，布瑞斯会倾听并采取这条路线前进。而且所有队员也会高兴起来，因为不用再累死在半山腰上了。布瑞斯在工作中，总会全心全意地倾听下属的意见。如果他没有那么做，就不可能顺利地完成任务。他总是半开玩笑半认真地对部下说："要是我正带着你们朝着悬崖走去，一定要提醒我，否则我真把你们带到那里去了。如果发生这样的情况，可不是我的错，是你们的。"布瑞斯很真诚，也很开明地倾听战士们的意见，战士们也都可以感受到这一点。虽然布瑞斯是军队指挥官，但每当他走过部队时，常常被士兵拦住。"长官，我有一个建议……你觉得怎么样？"布瑞斯会认真倾听，然后回答对方："噢，这个主意真不错。我回去研究下，然后回头找你。"然后，布瑞斯会认真思考这个主意，然后将这个士兵找来或者去找到他。如果士兵的主意不能实行，他一定会给出理由。这样一来，对方就会有被重视、关爱的感觉，随后就会被激发出热情，进而提出更多有利的意见。

其实，善于倾听，不只对像布瑞斯这样优秀的指挥官具有一定的重要性，对于任何人来说都非常重要。因为一个善于倾听的人，才能从倾听中收集到丰富的信息，并通过认真倾听的真诚态度让对方感受到自己的被重视，激发他讲话的激情，从而达到掌控对方情绪的目的。

美国教育训练大师史蒂芬·柯维认为，听是一种生理行为，而倾听则是一种艺术，一种心智和情绪的体现。每个人都有倾诉的欲望，当人不能满足自己的意愿时，就会产生失望、沮丧的情绪。如果这些情绪得不到宣泄，身心就会产生疾病。所以人们需要发泄，发泄最佳的途径就是倾诉。因此，倾听就变成人们之间沟通的最重要的一种方式。一个善于倾听的人，也一定是一个能够得到他人喜爱和信赖的人。

FBI心理专家说，善于倾听不仅可以获得想要的信息，也切实可以帮助对方寻找解决问题的办法，这对于两者都是有益的。

4

懂得倾听让你更受欢迎

FBI探员认为，很多人都希望自己能有一个和谐的人际关系，但是却不知道如何与他人建立起良好的关系。

苏格拉底说："上帝给了我们两只耳朵，而只有一张嘴巴，目的就是让我们少说多听。"但是在生活中，很多人都一味地表达自己的想法而忘记了去倾听。据统计发现，生活中真正懂得倾听的人还不到四分之一。其实，倾听就像呼吸一样重要。认真分析一下你就会发现，在日常的沟通行为中，比如交谈、阅读、倾听等，效率最高的不是交谈也不是阅读，而是倾听。

人际关系学大师戴尔·卡耐基说："做个听众比做一个演讲者更重要。专心地听别人讲话，是对别人最大的尊重、呵护与赞美。"从心理学角度来说，每个人都认为自己的声音是最动听的，每个人都迫不及待地想要表达自己的愿望。在这种情况下，善于倾听者就成为了最受欢迎的人。例如在工作中，倘若上司能够成为下属的倾听者，他就能获得下属的拥戴。相反，作为上司如果缺乏倾听可能会导致错失良策，产生误解、矛盾，或者是因为没有及时发现问题而产生危机。很少有人想要学习倾听技巧，认为没什么必要，因此就不知不觉地忽视了倾听这一重要的沟通方式。而其实，世界上最具有的智慧的人就是善于听取别人意见，集众人智慧的人。

美国著名主持人林克莱特曾经在一节目中问一个小朋友：“你长大后想做什么呀？”小朋友眨着水汪汪的大眼睛说：“我要当飞行员！”林克莱特说：“那如果有天你驾驶着的飞机到了太平洋上空，飞机突然熄火了，你要怎么办呀？”小朋友低下了头，几秒后扬起头说：“我会告诉飞机上所有的人系好安全带，然后我系上降落伞，先跳下去。”现场观众一听，笑得东歪西斜。此刻，孩子两行热泪奔涌而出。而林克莱特注视着孩子问他：“你为什么要那么做？”孩子带着哭腔但声音高昂地说：“我要去拿燃料，我还要回来！要回来的！”看到这里，人们心里不由产生对林克莱特的敬佩之情：当其他的观众都哈哈大笑时，他仍能用倾听者应具有的一份亲和、耐心让孩子继续把话说完。

倾听是对人的理解与尊重。在一些交易场所，我们常常能够看到顾客牢骚满腹，而导购员在一旁不住地赔笑解释。结果越解释越麻烦，甚至惹得“上帝”更烦躁。其实，只要导购员学会用心倾听，哪怕没有什么理由对客户解释，问题自然就会不解而破了。因为很多情况下，顾客并不是真的对服务不满，可能是在其他地方受了委屈，只是想发泄一下情绪。但是，如果导购员不等顾客把话说完，就急着去解释，或者是表现出爱理不理的样子，结果往往会造成不良后果。由此可以看出，良好的沟通是解决问题最好的方法，而使沟通最有效的方式就是善于倾听，忽略倾听必将沟通失败。倾听的目的是为了了解更全面的情况，真正解决问题，而不是双方要争个输赢。

倾听不是被动地接受，而是一种主动行为。倾听者不只是用耳朵听，在听的过程中还要思考。不但要紧跟倾诉者的思绪，还要在适当的时候进行提问、分析。这样才能使沟通更深入。那么，如何才能掌握倾听的艺术呢？事实上这并不难，只要克服心中的障碍，从细节做起，定能掌握其中的奥妙。下面分享一些培养倾听能力的方法：

第一，首先要尽量选择有利的倾听环境。安静、平和的场所能够使沟通双方身心放松。

第二，在沟通中，尽量缩短自己的讲话时间。同一时间既讲话又倾听是不可能的，因此要专注地倾听对方。

第三，要对对方的话语表示感兴趣。并通过提问或者请他进一步解释来表明你正在认真倾听。

第四，要注视着对方。尤其要注视对方的眼睛，将自己的注意力集中在倾诉者的身上，这样能够帮助自己更好地倾听，也能够让对方感觉到你聆听的热情。

第五，要摒弃自己的偏见。倾听是针对信息而不是传递信息的人，所以不仅要客观地面对问题，还要学会容忍倾诉者的不同观点。

第六，在一些特殊情况下，应抑制自己争辩的念头。要明白你们是在交流，而不是参加辩论赛。争辩对于沟通没有任何益处，只能引起不必要的矛盾。所以要学会控制自己的情绪，抑制自己的冲动，保持心态平和。

第七，保持耐性，让对方完整地表述。即使心中有想法，也尽量不要打断对方，否则就会影响沟通的效果。

第八，做笔记。如果有必要，用笔记下对方的话。这样不仅有助于倾听，而且此种行为还可以达到取悦对方的目的。如果有人重视你的话，并记下来，你难道不觉得受宠若惊吗？

善于倾听是人们应具有的一种优秀品质。只有善于倾听的人，才能从他人的话语中获得想要的信息。而通过倾听也可以加深对对方的了解，并能在对方需要给出建议时，精准地找到对方希望获得的信息。让对方切实感受到与你交流受益匪浅，从而赢得他的喜爱和信赖。

很多人因为难以与他人融洽相处，而埋下了犯罪的种子。FBI探员在办案时，往往会依据犯罪嫌疑人的人际关系而推断其行事风格。